Teaching to Change Lives

TEACHING TO CHANGE LIVES
by Howard G. Hendricks

Copyright ⓒ 1987 by Multnomah Publishers Inc.
Originally published in English under the title
TEACHING TO CHANGE LIVES by Howard Hendricks.
Published by Multnomah Press, Sisters, Oregon, USA.
All rights reserved.

1992, 2002, 2013 / Korean by Word of Life Press, Seoul, Korea.
Translated and published by permission.
Printed in Korea.

삶을 변화시키는 가르침

ⓒ 생명의말씀사 1992, 2002, 2013

1992년 7월 30일 1판 1쇄 발행
2002년 2월 28일   29쇄 발행
2002년 10월 15일 2판 1쇄 발행
2012년 2월 28일   22쇄 발행
2013년 4월 10일 3판 1쇄 발행
2024년 2월 27일   12쇄 발행

펴낸이 | 김창영
펴낸곳 | 생명의말씀사

등록 | 1962. 1. 10. No.300-1962-1
주소 | 서울시 종로구 경희궁1길 6 (03176)
전화 | 02)738-6555(본사) · 02)3159-7979(영업)
팩스 | 02)739-3824(본사) · 080-022-8585(영업)

기획편집 | 박영경
디자인 | 송민재
인쇄 | 예원프린팅
제본 | 다인바인텍

ISBN 978-89-04-12152-6 (03230)

저작권자의 허락없이 이 책의 일부 또는 전체를
무단 복제, 전재, 발췌하면 저작권법에 의해 처벌을 받습니다.

지식을 넘어 진리를,
살아 있는 교육의 7가지 원리

삶을 변화시키는 가르침

Teaching to
Change Lives

하워드 헨드릭스 지음
· 정명신 옮김

생명의 말씀사

|추천의 글|
성장시키기 원하는 교사에게

하워드 헨드릭스 Howard Hendricks, 복음주의 교육계에서는 바로 그 이름이 "기독교 교육" 자체를 의미한다.

헨드릭스 박사는 현대 기독교 교육 운동의 선구자이며, 삶을 변화시키는 메시지를 전하는 강력하고 역동적인 성경 교사다. 그러나 그는 나에게 그 이상의 훌륭한 친구요, 도전을 주는 멘토다.

그와의 인연은 내가 신학생이던 시절부터 시작되었다. 수업을 들으며 나는 그의 역동적인 학습 방법에 깊이 빠져들었다. 솔직하게 말하면, 나는 수업 내용보다도 하워드 헨드릭스를 배우기에 더 몰두했다. 그야말로 나는 그를 "전공"한 셈이다.

왜 나를 비롯한 많은 학생이 그렇게 열렬히 이 한 사람의 강의를 들으려고 했던가? 그것은 그가 우리에게 쏟는 '관심' 때문이었다. 그는 우리 각 사람을 한 개인으로, 그리고 장래의 전달자 communicator로 보고 관심을 쏟았다. 또한 그는 우리가 그의 강의에서 배울 진리들에 관심이 있었고 탁월한 전달 과정에 관심이 있었다. 그렇다. 그는 우리에게 관심이 있었고, 그것은 그가 하는 모든 말과 행동에서 나타났다. 헨드릭스 박사는 학생들에게 한 과목을 가르쳤다기보다는, 그들 모두를 섬기고 있었다.

내가 석사 학위 논문의 주제를 '구약성경의 개요를 제시하는 혁신적인 교수법'으로 정했을 때, 헨드릭스 박사를 지도 교수로 정하게 된 것도 이 같은 이유에서였다. 또한 그 논문을 계기로 "WTB Walk Thru the Bible Ministries, Inc.(성경 답사회)"라는 단체를 조직하였을 때에도, 헨드릭스 박사에게 이사회에 참여해달라 부탁하게 되었다. 그는 나에게 끊임없이 격려와 도전을 주었다.

신학교 4년 동안 헨드릭스 박사의 강의는 늘 한결같이 우리에게 고무적이고 유익했다. 그래서 학생들은 자신들이 4학년이 될 때까지 한 번쯤은 그가 지루한 수업을 하지 않을까 생각했었다. 우리는 "오늘은 그가 실수할지도 몰라."라며 서로 농담을 하기도 했다. 그러나 그 짓궂은 기대는 단 한 번도 이루어지지 않았다.

신학교 졸업이 가까워질 무렵, 나는 헨드릭스 박사를 시험해보기로 마음먹었다. 나는 맨 뒷줄에 앉아, 강의에 주의를 기울이지 않고 창밖의 주차장만 내다보았다. 그가 자기에게 호응하지 않는 학생을 수습하는 데에 얼마의 시간이 걸리는지 알아보려고 했던 것이다.

그는 강의를 시작할 때 늘 정해진 절차를 밟았다. 교탁 뒤에 앉아서, 마치 준비운동을 하듯이 강의가 시작될 때까지 약 3분 정도 다리 운동을 한다. 시작종이 울리자마자 그는 강의를 시작하고 우리는 동작을 멈춘다. 그다음 약 8분쯤은 앉아서 가르친다. 그러고는 자리에서 일어나 칠판으로 가서 커다란 도표를 하나 그린 다음 재치 있는 농담을 섞어 가면서 개요를 설명해나간다.

그날 나는 계속 창밖을 내다보았다. 그러자 1분이 못 되어서 그가 교탁 뒤에서 나왔다. 그는 굉장히 큰 도표를 칠판에 그리기 시작하였고,

나는 필기도 하지 않겠다는 듯이 시치미를 떼고 앉아 있었다. 그는 농담을 시작했고, 평소보다도 더 많은 농담을 했다. 나는 웃지 않으려고 마음을 굳게 먹고 버티었다. 그러자 그는 교실 구석, 바로 내 책상이 있는 통로로 와서 격렬한 몸짓을 하였다. 그러나 나는 여전히 바깥만을 응시하였다. 그러기를 3분 37초, 그는 나를 향해 날카롭게 소리를 질렀다.

"윌킨슨! 자네 도대체 뭘 보고 있는가?"

나는 그제야 사과를 하고 수업에 주의를 기울이기 시작하였다. 이 작은 실험은 이후 몇 년이 흐르고 나서 그에게 털어놓았다.

헨드릭스 박사는 학생들을 가르치는 데 매우 열정적이었기 때문에, 자신이 그 일을 제대로 못하고 있다는 생각이 들면 못 견뎌 했다. 그는 학생을 학습에 다시 집중시키기 위해서는 어떤 방법이라도 찾아 시도했다. 그것은 헌신이었다. 아니, 그것이 바로 가르침이었다. 요즈음에는 흔히 볼 수 없는 가르침이었다.

학교, 교회, 세미나 등 가르치는 상황이 어떠하든, 요즘은 가르치는 것이 아니라 그저 교재를 훑어 나가는 것에 그치는 듯 하다. 그 결과, 수업에 몰입하면서 즐거워하기보다는 마지못해서 겨우 참고 있을 뿐 배움에 동기 부여가 전혀 되어 있지 않은 학생들을 적잖게 볼 수 있다. 그들은 자신이 접하고 있는 진리가 어떻게 자신의 삶을 변화시킬 수 있는가에 대해서는 전혀 관심이 없다.

이 책을 들어 읽고 있는 당신은 하나님께서 뜻하신 대로 학생들의 삶이 발전하고 활짝 피어나는 것을 보기 위해, 계속 성장하기 원하는 교사일 것이다.

그렇다면 당신은 가장 적절한 책을 선택하였다. 왜냐하면 헨드릭스 박사는 "전달"이라는 주제에 대해 그가 수십 년 동안 쌓아온 기술을 집약하여 실제적인 "교육의 7가지 원리"를 제시하였기 때문이다. 그것은 바로 당신을 위해, 당신이 가르치는 사람들의 삶 속에 더욱더 큰 영향을 미치기 위해 계획되었다.

이 책은 바로 우리가 비디오와 "학습 원리의 실제"The Applied Principles of Learning™ 혹은 약자로 APL이라는 일련의 세미나에서 소개하였던 것으로, 전달자들을 위해 준비한 삶을 변화시키는 실제적인 통찰이라는 시리즈의 일부이다.

당신이 APL 시리즈에서 제시된 원리들을 실천한다면, 자신의 가르침이 생각했던 것보다 훨씬 더 재미있고 성취도가 높아지는 것을 발견하게 될 것이다. 왜냐하면 당신은 학생들의 삶이 변화되는 것을 발견할 것이기 때문이다.

그것이 바로 내가 신학교 교실에서 그의 가르침을 받을 때에 일어난 일이었다. 당신이 책장을 넘기며 헨드릭스 박사가 전하는 통찰에 귀를 기울인다면, 그러한 일이 당신에게도 일어날 수 있다. 그 결과는 정말로 혁명적일 것이다.

브루스 윌킨슨은 전 세계적으로 널리 알려진 성경 교사로서, 성경을 가르치는 일과 성경 공부에 필요한 자료와 훈련을 제공하는 일에 헌신된 국제적인 사역 단체 WTB Walk Thru the Bible Mihistries, Inc의 설립자이다. 그는 신흠정역NKJV성경의 개관 위원회와 오픈 성경Open Bible의 성경 개관을 저술한 바 있으며, 많은 기독교 잡지의 발행인이자 책임 편집자로 일했다. 『야베스의 기도』, 『포도나무의 비밀』등의 여러 저서가 있다.

|머리말|

전하고자 하는 열정

인생의 출발이 나와 같았던 사람이라면 일찌감치 죽어 없어졌더라도 누구 하나 특별히 관심을 보이지 않았을지도 모른다. 나는 결손 가정에서 태어났다. 부모님은 내가 태어나기도 전부터 별거 중이셨다. 그분들을 한 자리에서 본 것은 내가 18세가 되어, 두 분의 이혼 법정에 증인으로 섰을 때였다.

내가 소년 시절을 보낸 곳은 필라델피아의 어느 마을로, 그곳은 모두가 복음적인 교회가 들어설 수 없는 곳이라고 말했었다. 그러나 하나님은 사람들이 불가능한 일이라고 단정지을 때마다 그것을 멋지게 뒤엎는 분이시다. 하나님은 몇 사람의 그리스도인들이 연합하여 그곳에 작은 집을 사서 교회를 시작하게 하셨다.

그 교회에는 월트가 있었다. 그의 학력은 고작 초등학교 졸업이 전부였다. 어느 날 월트는 주일학교 교장에게 자신이 반을 맡고 싶다고 말했다. "참 좋은 생각입니다, 월트. 하지만 안타깝게도 자리가 없습니다."라고 교장은 거절했다. 그러나 월트는 계속 매달렸다. 그러자 교장은 마지못해 이렇게 대답했다.

"좋습니다. 나가서 아이들을 모아와서 반을 만드십시오. 당신이 데려

오는 아이는 모두 당신이 맡아도 좋아요."

월트는 우리 동네로 찾아왔다. 우리가 처음 만났을 때 나는 콘크리트 바닥에서 구슬치기를 하고 있었다. 그가 말을 걸었다.

"얘야, 주일학교에 가지 않을래?"

나는 그의 첫 제안에는 전혀 흥미가 없었다. 학교라면 무조건 지긋지긋하던 때였다. 그러자 이번에는 "같이 구슬치기할래?" 하고 물었다.

그건 신나는 일이었다. 월트와 나는 함께 구슬치기를 하며 신나게 놀았다. 그가 항상 나를 이기는 바람에 맥이 빠지기는 했지만 그날 이후로 나는 어디든지 그를 따라다니게 되었다.

그때 월트는 우리 동네에서 13명의 아이들을 주일학교로 인도했는데, 그중 9명은 나와 같은 결손 가정의 아이들이었다. 그리고 그 13명 가운데 11명이 지금 전임 사역자가 되어 있다.

솔직히 나는 월트가 우리에게 해준 말들을 모두 기억할 수는 없지만, 그에 관한 모든 것을 이야기할 수 있다. 그는 그리스도를 위하여 나를 사랑했기 때문이다. 그는 우리 부모님보다 더 나를 사랑했다. 그는 우리와 종종 하이킹을 가곤 했는데, 내겐 결코 잊을 수 없는 소중한 기억이다. 아마 그의 약한 심장은 그때 우리 때문에 더욱 악화되었을지도 모른다. 그러나 그는 우리를 사랑했기 때문에 늘 숲 속을 함께 달려주었다. 그는 뛰어난 사람은 아니었지만 진실한 사람이었다. 나는 그것을 알았다. 우리 반 아이들 모두도 그랬다.

가르치는 일에 쏟는 내 관심은 단순히 직업적인 것이 아니다. 오히려 매우 개인적이며 어쩌면 열정에 가깝다. 오늘날 내가 사역을 하는 단 한 가지 이유는 하나님께서 나의 인생길에 한 명의 헌신된 교사, 월트를 보내 주셨기 때문이다.

  이 책은 가르치는 일에 대한 7가지 전략적인 개념을 설명한다. 우리는 이것을 "원리"라고 부를 것이다.

Teacher	교사의 원리
Education	교육의 원리
Activity	활동의 원리
Communication	전달의 원리
Heart	마음의 원리
Encouragement	격려의 원리
Readiness	준비의 원리

  이 7가지 원리들은 근본적으로 전하고자 하는 열정을 요구한다.

  수년 전에 시카고의 무디기념교회에서 열린 주일학교대회에 참석한 적이 있다. 점심시간에 우리 강사 세 사람은 길을 건너 조그만 햄버거 가게로 갔다. 가게는 만원이었다. 그러나 곧 네 사람이 앉을 수 있는 테이블이 나왔다. 우리는 들고 있는 가방으로 보아 이 대회에 참석한 사람으로 보이는 한 할머니에게 합석을 권했다.

  알고 보니 그 할머니는 83세로, 미시간 주에서 오신 분이었다. 할머니는 65명의 주일학교 학생이 있는 어느 교회에서 13명으로 구성된 중등부를 맡고 있었으며, 대회 전날 밤 고속 버스를 타고 여기까지 오셨다고 했다. 그 연세에 왜 그런 힘든 일을 하셨을까? 할머니의 대답은 이랬다.

  "내가 좀 더 나은 교사가 되도록 무언가 배우고 싶었지요."

그때 나는 이런 생각을 했다. 학생이 고작 65명밖에 안 되는 주일학교에서 13명의 중등부 반을 맡고 있는 사람들이라면 대부분 '내가 누군데? 주일학교대회에 무엇 때문에 참석해? 난 혼자서도 잘 가르칠 수 있어!'라며 자만할 것이다. 그러나 그 할머니는 그렇지 않았다.

그 할머니에게 배웠던 학생들 가운데 84명이 현재 전임 사역을 하고 있다. 그리고 22명이 내가 가르치고 있는 신학교를 졸업했다.

그 할머니가 이런 영향력을 가질 수 있었던 비결이 뭐냐고 묻는다면, 나는 20년 전과는 다른 대답을 할 것이다. 20년 전이라면 그 할머니의 교육방법론을 더 신뢰했겠지만, 지금은 그 할머니의 전하고자 하는 열정 때문이었다고 믿는다.

하나님께서 당신에게도 그런 열정을 주시고 그것이 결코 사라지지 않게 해주시기를 진심으로 바란다. 또한 누군가가 당신이 전하는 것을 귀 기울여 들으며 당신에게 배우는 그 감동을 만끽하게 되기를 바란다.

CONTENTS

추천의 글 성장시키기 원하는 교사에게 4
머리말 전하고자 하는 열정 8

Teacher 교사의 원리   14

교사 구함, FAT한 사람으로! | 변화하라 | 성장, 큰 그림을 그리자! | 지적 영역 | 신체적 영역 | 사회적 영역 | 나는 어떠한가? 존경할 대상이 없다

Education 교육의 원리   42

긴장 | 분명한 목표를 정할 것 | 기본적 기능 | 실패는 귀중한 출발점이다 | 특별한 예외들

Activity 활동의 원리   64

최대의 참여는 최대의 학습이다 | 행함으로 변화한다 | 의미 있는 활동 | 계속 하라

Communication **전달의 원리** 83

다리 놓기 | 생각-감정-행동 | 말로 전달하는 방법 | 전달을 완전하게 하는 방법 | 주의 산만 | 피드백

Heart **마음의 원리** 105

인격-동정-내용 | 가르치고 배우는 과정 | 학습을 시작하는 지점 | 사실을 망각하지 마라 | 영향력 있는 교사가 되는 방법

Encouragement **격려의 원리** 123

동기화 지수(MQ) | 필요의 인식 | 유익한 훈련 | 개인적인 접촉 창조적인 동기 부여 | 자유롭게 분출되는 능력

Readiness **준비의 원리** 146

성공적인 숙제 | 침묵과의 싸움 | 곤란한 질문을 받아넘기는 법 토론 독점자를 통제하는 법 | 노트 정리 훈련

투자하라 164

교사의 원리
The Law of the Teacher

교사는 자신이 가르치려는 것을 확실히 알아야 한다.
어설픈 앎은 어설픈 가르침으로 나타나고야 만다.

● 존 밀톤 그레고리 | 『7가지 교육법칙』(생명의말씀사) 저자

"만일 오늘 성장을 멈춘다면 내일 가르침을 멈춘다."

이것이 교사의 원리다. 인격도, 방법론도 이 원리를 대신할 수는 없다. 내가 텅빈 상태로는 아무것도 전해줄 수 없다. 내가 갖고 있지 않은 것을 나눠줄 수는 없다. 진정으로 알지 못한다면 그것을 가르칠 수 없다.

이 원리는 교사인 내가 먼저 배우는 사람, 즉 학생들 중의 한 사람이라는 철학을 내포하고 있다. 나는 영원히 배우는 중이고 지금도 배우고 있다. 그리고 다시 학생이 됨으로써 교사인 나는 철저하게 새로운 눈으로 교육 과정을 바라보게 된다.

나는 계속 성장하고 변화해야 한다. 물론 하나님의 말씀은 결코 변하지 않는다. 그러나 말씀에 대한 나의 이해는 변한다. 나는 발전하고 있기 때문이다. 이것이 베드로가 베드로후서의 마지막에서 "오직 우리 주 곧 구주 예수 그리스도의 은혜와 그를 아는 지식에서 자라가라"고 말할 수 있었던 이유이다.

그러한 철학은 나는 아직 "완성"되지 않았다는 자세를 요구한다. 이 교사의 원리를 적용하는 사람은 항상 "나는 어떻게 발전할 수 있을까?" 하고 질문한다. 이런 식으로 생각해 보라.

"살아 있는 한 배우고, 배우고 있는 한 살아 있다."

대학 시절에 나는 학교 식당에서 일을 했다. 매일 아침 5시 30분이면 출근을 했는데, 그때마다 어느 교수님 댁을 지나다녔다. 그리고 늘 창문으로 그 교수님의 책상에 새벽마다 불이 켜져 있는 것을 보았다. 도서관에서 밤늦게까지 공부하고 10시 30분이나 11시쯤 늦게 집으로 돌아갈 때도, 그분의 책상에는 늘 불이 켜져 있었고, 언제나 열심히 책을 읽고 계셨다.

그리고 어느 날, 나는 그분의 점심식사 초대를 받게 되었다. 식사가 끝난 후 교수님께 여쭤보았다.

"교수님은 왜 끊임없이 더 공부를 하십니까? 하루도 쉬시는 것 같지 않던데요."

나중에 알게 되었지만 그때 그분의 대답은 어떤 격언을 인용하신 것이었다. 그러나 그 말은 이미 그분 자신의 것이었다.

"여보게, 나는 학생들이 괴어 있는 연못보다는 흐르는 시냇물에서 물을 마시게 하고 싶다네."

그분은 내가 만났던 가장 훌륭한 교수님이시며, 내게 영원히 기억될 분이었다. 당신이 가르치는 사람들은 어떠한가? 그들은 어떤 물을 마시고 있는가?

나는 당신에게 누가복음 6장 40절의 마지막 부분에 있는 말씀으로 도전을 주고자 한다.

"무릇 온전하게 된 자는 그 선생과 같으리라"

사람들은 나에게 예수께서 그렇게 말씀하신 뜻을 이해할 수 없다고 말한다. 그들은 여러 해 동안 복음서들을 읽어 왔지만 그 말씀을 주목해 본 적이 없었다. 그러나 이제는 그 말씀이 그들에게 동기를 부여하여 하나님의 은혜로 자신의 삶이 변화되기를, 아주 철저히 변화되기를 기도

하게 한다. 당신은 어떠한가? 누가복음 6장 40절에 담긴 그 원리가 당신을 흥분시키고 기대를 갖게 하는가? 아니면 깜짝 놀라게 하는가?

어떻게 느끼든 당신이 다른 사람들을 섬기기 원한다면, 가장 먼저 하나님께서 당신을 도와주시기를 간구하라. 그분은 당신을 통하여 일하기 원하신다. 그러나 그분이 당신 안에서 일하시기 전까지는 그렇게 하실 수가 없다. 하나님은 당신을 그분의 도구로 사용하시기 전에, 그 도구가 연마되고 정결케 되어서 그분의 손안에서 보다 쓸모 있는 연장이 되기를 원하신다.

인간의 인격이 효과적인 가르침의 수단이기 때문에 이 모든 것은 진실이다. 내게 그 이유를 설명하라고 하지 마라. 나는 다만 그것을 경험할 수 있게 하신 하나님께 진정으로 감사할 뿐이다. 나는 하나님께서 이 일을 이루시는 데, 당신이나 나보다 훨씬 더 유능한 도구들을 사용하실 수 있었다고 오랫동안 확신해왔다. 그럼에도 불구하고 그분께서는 우리를 통해 일하기로 하셨다. 우리 대부분은 오직 믿음으로 그것을 받아들일 수 있다. 그러나 그것은 진실이다. 성직의 신비는 하나님께서 우리를 이 세대에 그분의 대리자들로 직접 택하셨다는 것이다. 그분은 변화를 일으키기 원하시며, 그 일을 이루는 데 있어서 당신은 그분의 중요한 도구가 될 것이다. 당신은 이 사실을 어떻게 받아들이겠는가?

그러므로 당신의 가르침을 강화하기 원한다면-그것이 이 책을 읽고 있는 이유라면-교사인 당신 자신이 더 발전하기 위해 할 수 있는 모든 일을 하라. 나는 당신이 그러한 일을 하도록 돕고 싶다.

교사 구함, FAT한 사람으로!

몇 년 전 어떤 만화에서 인상 깊게 보았던 장면들이 있다.

그 중 첫 번째 장면에서, 공립학교의 교장 선생님인 브라운 씨는 다음과 같이 말한다.

"스미스 양, 유감입니다만 당신의 교사 지원서를 검토한 결과 우리는 당신을 교사로 채용할 수 없다고 결정했습니다. 우리는 적어도 5년 동안의 경력이 있고, 또 될 수 있으면 교육학 석사 학위를 가진 사람을 채용하기 원합니다."

두 번째 장면에서, 이번에는 주일학교의 교장 선생님인 브라운 씨가 이렇게 말한다.

"스미스 양, 당신은 훌륭한 선생님이 될 것이라 생각합니다. 당신이 오랫동안 신앙생활을 해온 그리스도인이 아니라는 것은 알고 있어요. 당신은 성경에 대해 별로 아는 게 없다고 생각하겠지만, 그러나 성경을 배우는 데는 성경을 가르치는 것보다 더 좋은 방법은 없지요. 그리고 당신은 이 연령의 어린이들과 함께 공부해 본 경험이 없다고 했지요? 그러나 나는 당신이 그들을 이해하고 사랑하게 될 것이라고 확신해요. 스미스 양, 진정 우리가 기대하는 것은 자원하는 마음뿐입니다."

이 두 장면은 하나님의 말씀을 가르치는 일에 대한 우리의 무관심을 얼마나 잘 설명하고 있는가! 안타깝게도 이것은 사실이다. 1에 1을 더하면 2라는 것을 어린이에게 가르치기 위해서는 일정 년도 이상의 고등교육이 필요하다. 그런데 예수 그리스도의 헤아릴 수 없는 부요함을 가르치기 위해서는 아무것도 필요하지 않다. 바로 그것 때문에 이 사역이

진부한 일로 전락하는 경우가 너무나 많다.

훌륭한 교사를 찾을 때 내가 보는 기준은 이것이다. 나는 언제나 FAT한 사람들, 즉 충성되고 Faithful, 유용하고 Available, 가르침을 잘 받을 수 있는 Teachable 사람을 찾는다.

머리로 알고 있는 것이 결정적인 요인은 아니다. 결정적 요인은 이런 것이다. 그들이 한 일에 충성하는가? 그들은 가르치는 일에-강요하지 않아도-유용한가? 그들은 기꺼이 배우려고 하는가?

많은 주일학교에서 발견하는 사실은, 주일학교 교육에 점진적으로 참여하게 하는 것만으로도 헌신된 교사들을 더욱 많이 확보할 수 있다는 것이다. 참여하기 시작하면 곧 몰두하게 된다.

예를 들어, 그들이 십대들의 주변을 돌며 고등학생을 위한 프로그램을 들여다보게 되면, 다음과 같은 생각을 하게 된다. 첫째, 청소년들의 삶 속에서 어떤 사역을 할 수 있느냐 하는 것과, 둘째로 그것이 매우 보람 있는 투자라는 것이다. 대부분의 청년들은 확신이 없기 때문에 처음에는 그러한 일을 맡기를 꺼려한다. 그러나 우리의 임무는 그들을 세우는 것이며 그것은 시간과 노력을 조금만 투자하면 이루어질 수 있다.

말이 나온 김에, 만일 내가 주일학교 교사를 뽑는 책임을 맡았다면 다음 3가지 사항을 없앨 것이다.

첫째, 다음과 같은 광고이다.

"사랑하는 성도님들! 주일학교에서 학생들을 가르치지 않으시겠습니까? 교사를 구하려고 '여러 주일' 동안 애를 써왔습니다만 '아무' 도 도와주려고 하지 않습니다."

둘째, 강요하는 것이다.

"마음을 돌이켜서 아이들을 가르치십시오. 전혀 시간이 없다고요? 교사 지침서가 있습니다. 글을 읽을 수 있지요? 읽을 수 있다면 가르칠 수 있습니다. 그러니 한번 해보십시오. 어떠십니까?"

셋째, 최후 순간의 임명이다.

주일학교 교장 선생님이 새 학기가 시작되는 주일 아침에 청년부 모임에 허둥지둥 뛰어 들어가, 맨 끝줄에 앉아 있는 청년을 붙잡고는 제발 중등부에서 가르치라고 명령하는 것 말이다. 그 일이 청년에게 줄 수 있는 교훈은 맨 끝줄에 앉지 말라는 것뿐이다.

변화하라

펜을 잡고 이 페이지의 여백 어디에든지 다음 질문에 대한 답을 적기 바란다.

"나는 최근에 어떻게 변화되었는가?"

지난주에는?

지난달에는?

지난해에는?

당신은 이에 구체적으로 대답할 수 있는가? 아니면 대답하기 매우 막연한가? 당신은 자신이 성장하고 있다고 말한다. 그렇다면 어떻게 성장하고 있는가? "모든 방면에서, 만족스럽게"라고? 좋다! 그중 한 가지만 구체적으로 말해보라.

효과적인 가르침은 변화된 인격을 통해서만 이루어질 수 있다. 당신이 변화되면 될수록, 다른 사람들의 삶을 변화시키는 도구로 더 훌륭하게 사용될 것이다. 만일 당신이 변화의 시작이 되고자 한다면 당신 또한 변화되어야 하는 것이다.

   당신의 삶을 그림으로 나타내 보겠다. 만일 삶의 화살표, 즉 당신의 개척 영역, 의문점, 관심, 정신적 에너지가 다음과 같은 방향으로 움직이고 있다면 당신은 죽어가고 있는 것과 같다.

   그러나 만일 당신의 삶을 나타내는 화살표들이 다음과 같은 방향으로 나아가고 있다면 당신은 분명히 발전하고 있는 것이다.

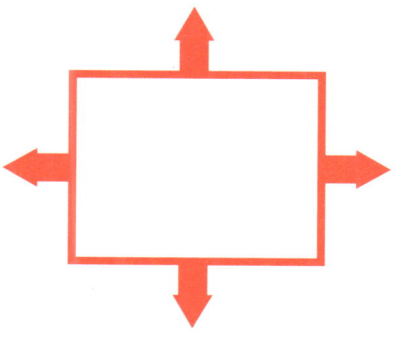

   덧붙여 말하면, 이것은 당신의 나이와는 아무 상관이 없으며 다만 태도와 관계가 있다.

나는 "헨드릭스, 나는 이제 너무 늙었어."라고 말하는 사람들이 정말 넌더리가 난다. 그러면 나는 "얼마나 늙으면 너무 늙은 건가요? 돌아가셨나요?"라고 묻는다.

"아니오. 아직은 살아 있지요."

"좋습니다. 그러면 배우십시오. 그렇지 않으면 정신적으로 서서히 죽어갈 것이고, 그러느니 차라리 관 속에 드러눕는 것이 더 나을 겁니다."

나이 많은 사람들도 얼마든지 훌륭한 학습자가 될 수 있다. 그러나 사람들은 종종 자신의 나이를 배울 수 없는 조건으로 삼는다. 그들은 늙은 개에게는 새로운 기교를 가르칠 수 없다는 관념에 물들어 있다. 만약 개를 가르치고 있다거나 기교를 가르친다면 그 말이 옳을지도 모르겠지만, 우리의 가르침은 그런 것이 아니다. 우리는 사람을 가르치며 진리를 가르치고 있다.

나이가 많음에도 불구하고 배움을 중단하지 않는 사람들은 열정적이며 자기를 실현하는 사람들이다. 20살밖에 되지 않았으나 정신적으로 죽어 있는 학생들이 있는 반면에, 65세, 75세, 혹은 85세인데도 대단히 활기가 넘치는 사람들이 있다.

얼마 전 신학교 강의 시간에, 구원을 받고 그리스도를 위하여 84년 동안 봉사하고 있는 93세의 남자 한분을 초빙했다. 그분은 "나에게 단 하나의 유감이 있다면, 그리스도께 봉사하는 데 바칠 생애가 한 번뿐이라는 것이다."라고 말했다. 학생들은 그에게 아주 오랫동안 우레와 같은 기립박수를 보냈다.

또 얼마 전에 나는 아주 친한 친구 한 사람을 잃었는데, 86세의 그녀는 이제까지 만난 사람들 가운데 가장 많은 도전을 주었던 평신도 교사였다.

그녀를 마지막으로 본 것은 어느 활기 없는 그리스도인들의 파티에서였다. 그곳에 앉아서 경건한 체하며 잡담을 하고 있을 때, 그녀가 들어와서 한 말은 아직도 잊혀지지 않는다.

"어, 헨드릭스, 오랜만이군요. 당신이 지난해에 읽은 책 중에 가장 좋은 책 5권만 말해 주세요."

그녀는 집단의 분위기를 활기 있게 변화시키는 법을 알고 있었다. 그녀의 철학은 "서로가 서로에게 싫증나게 하지 말자, 그러기 위해 토론을 하자, 토론할 거리가 없으면 논쟁을 하자"는 것이었다. 83세 때 그녀는 마지막으로 성지 순례를 했다. NFL 소속 미식축구 선수들과 함께 그곳에 갔는데, 그녀에 대한 가장 생생한 추억들 중의 하나는 그녀가 앞장서 가면서 선수들을 보고 "이봐요, 빨리빨리들 와요!"라고 고함을 지르는 모습이다. 그녀는 댈러스에 있는 딸의 집에서 영원히 잠들었다. 그녀의 딸은 엄마가 죽기 전에 앞으로 10년 동안의 목표까지 작성해놓았다고 말했다. 그녀와 같은 사람들이 더욱 많아지기를 바란다.

사도 바울 또한 좋은 본보기이다. 그는 대부분의 사람들이 흔들의자를 찾는 말년에 "형제들아 나는 아직 내가 잡은 줄로 여기지 아니하고 오직 한 일 즉 뒤에 있는 것은 잊어버리고 앞에 있는 것을 잡으려고 푯대를 향하여 그리스도 예수 안에서 하나님이 위에서 부르신 부름의 상을 위하여 달려가노라"(빌 3:13-14)고 했다.

이 구절을 주의 깊게 살펴보라. 그러면 바울이 과거의 성공에 자만하지도 않고 과거의 패배에 좌절하지도 않으며 과거와 적절히 관계하고 있다는 것을 알게 될 것이다. 우리는 과거로부터 배울 수 있으나 그 안에 살고 있지는 않다.

그는 미래도 올바르게 준비했다. 여기에 그의 목표, 그의 소망을 두고 있었다.

그리고 현재 또한 마찬가지로 적절하게 관계하고 있다. 지금 처한 상황에서 그는 "나는 달려가노라"고 말하였다. 그는 의욕을 잃지 않고 푯대를 향해 나아갔다.

얼마나 많은 사람들이, 세상을 뒤흔들어야 하는 나이에 집안에 들어앉아 지내는가? 물론 나처럼 나이가 많으면 기억이 오락가락하기 때문에 배우는 것을 기억하기가 더 어려워질 수 있다. 아내 진과 나는 시편을 암송해왔다. 때때로 나는 그녀에게 "시편 40편을 외워 보겠소?"라고 묻는다. 그러면 그녀는 그것을 암송하고, 나는 "훌륭해, 여보. 그런데 7절을 빠뜨렸군." 하고 말한다. 그다음에는 그녀가 나에게 외워 보라고 한다. 내가 암송을 끝냈을 때 그녀는 "많이 발전하셨군요. 그런데 4절부터 16절까지를 빠뜨렸어요."라고 말하곤 한다.

성장, 큰 그림을 그리자!

내가 새로운 회심자들을 대상으로 일할 때 가장 신났던 일은, 그들이 하나님의 말씀에서 어떤 것을 깨닫게 되자마자 곧 그것을 실행하려고 힘차게 나서는 것이었다.

그들은 오래된 그리스도인의 방식들을 아직 배우지 않았다. 우리는 교묘하게 진리를 회피하는 방법을 많이 알고 있다. 그래서 어떤 진리를 접하고도 그것 때문에 삶을 변화시키고 싶지 않을 때는 곧잘 변명을 하게 된다. 예를 들어 "그 말은 유대인들에게 하는 말이야."라고 둘러대는 것이다. 우리는 놀라울 정도로 많은 것들을 그런 식으로 내버리고 있다.

당신이 변화하고 발전하겠다는 결심을 더욱 굳게 하기 위해서는, 성장은 예수님도 하신 일임을 기억해야 한다. 누가복음 2장 52절은 주님의 생애에 있었던 성장 과정을 설명한다. "예수는 …… 자라가며" 이 부분에서는 성장의 4가지 측면을 말하고 있다.

주님은 "지혜"가 자랐다. 이것은 지적인 성장이다.

주님은 "키"가 자랐다. 신체적인 성장이다.

주님은 "하나님께 더 사랑스러워 갔다." 영적인 성장이다.

주님은 "사람에게 더 사랑스러워 갔다." 사회적, 정서적인 성장이다.

아무쪼록 영적인 성장은 더 큰 과정의 일부분이라는 점에 주의하라. 그것이 우리의 유일한 관심사일 수는 없다. 영적 성장은 따로 구분되어서는 안 되며 삶의 다른 모든 영역들과 통합되어야만 한다. 이것이 우리가 간과해온 부분이다.

신학교 교수로서 나는 세계에서 가장 성실하고 강한 동기를 가진 학생들, 즉 작정하고 높은 곳을 향해 올라가고 있는 젊은이들을 가르치고 있다. 그들은 재미삼아 공부를 하는 것이 아니다.

그럼에도 불구하고 이상한 것은 그들 중 다수가 삶의 다른 영역들, 즉 지적, 신체적, 사회적, 정서적 영역들에서 함께 성장하지 않으면 영적으로도 완전하게 성장할 수 없음을 깨닫도록 도움을 받은 적이 한 번도 없다는 것이다. 이 영역들 중에서 어느 하나라도 소홀히 한다면 완전한 성장은 기대하기 어렵다. 마찬가지로, 당신이 이들 중 어느 한 영역에서 성장하면, 반드시 다른 영역들에도 영향을 미치게 되어 있다.

그러므로 예수 그리스도를 종교 구획 안에 가두어 "하루에 한 장 성경을 읽으면 마귀를 물리친다."는 식으로 말하지 마라. 날마다 생명의 주인 되시는 분께 당신 존재의 모든 면에 대한 더 큰 통치권을 드릴 수 있다는 사실을 기억하라. 이것은 그리스도인의 삶을 활기 있게 만드는 것이지 정지 상태로 있게 하는 것이 아니다. 뿐만 아니라 이것은 당신의 삶이 지루하고 무미건조해지는 것을 막아 준다.

그러나 애초에 이것이 개개인에 맞춘 수준 높은 과정이라는 점을 유의해야 한다. 우리는 모두 가진 배경이 다르며 또 신앙생활에서의 성장 단계도 각기 다르다. 비교 의식은 세상적인 생각이다. 당신과 다른 사람을 비교하지 마라. 왜냐하면 당신은 그들이 아니기 때문이다. 당신은 당신일 뿐이다.

이제 다시 삶의 주요 영역들에 대해 "주님, 나는 지금 어떻게 하고 있습니까?"라고 물어 보라. 이 성장의 영역들 가운데, 당신은 어떤 영역에서는 아주 잘 행하고 있고 커다란 진보를 나타내고 있을 것이다. 반면에 어떤 영역에서는 다소 부족하고, 아직 갈 길이 멀었을지도 모른다. 자신의 가치관과 습관 가운데서도 새로운 깨달음을 발견할 수 있을 것이다. 그중 어떤 것은 유지해야 하고 다른 어떤 것은 수정되어야 할 것이며, 또 어떤 것은 완전히 거부해야 할 것이다.

우리 모두는 한 배를 타고 있다. 왜냐하면 우리는 모두 과정 가운데에 있기 때문이다. 이 과정 중에서 "나는 지금 옳은 일을 하고 있는가?" 하고 자신에게 묻는 것은 정말 멋진 일이다. 나는 내게 배운 졸업생들이 실패하는 것보다 그릇된 일을 함으로써 성공하는 것이 가장 두렵다. 그들은 결국 막다른 길에 도달할 것이고 그제야 그곳이 그들이 원하던 목적지가 아니라는 것을 깨닫게 될 것이다. 그것은 그들을 결코 충족시킬 수 없다.

나는 프로 운동선수들을 위한 사역을 해왔다. 그들은 자신이 돈을 상당히 많이 벌어 굉장한 영향력을 행사하고, 또 여자들이 자신에게 매달리게도 할 수 있지만, 자기가 정말 누구인가 하는 문제는 고민하지 않음을 깨달아야 한다. 그들에게 축구 이후의 인생에 무엇이 있을까? 멋있는 트로피들과 수집된 스포츠 기사들로 가득 찬 서랍만 남긴 채 끝날 것인가?

지적 영역

지적인 영역의 성장을 위해 다음의 3가지를 제안하고자 한다.

1. 꾸준한 공부와 독서

지도자(leader)는 독서가(reader)이고 독서가는 지도자라는 것을 기억하라. 그러나 많은 사람들은 내게 "헨드릭스 박사님, 저는 많은 책을 읽고 있어요. 그렇지만 솔직히 말해서 그것이 저의 삶을 변화시키거나 그렇게 많은 도움이 되는 것 같지는 않아요."라고 말한다.

그렇다면 이렇게 해보라. 당신이 독서를 위해 1시간을 쓸 때에, 처음 30분은 읽는 데 사용하고 나머지 30분은 읽은 것을 되새기는 데 사용하

라. 그리고 차이점을 잘 살펴보라. 만일 당신이 되새기는 일을 너무 적게 한다면 읽는 데 시간을 너무 많이 사용하고 있는 것이다.

그리고 책을 읽을 뿐만 아니라 사람들의 마음도 읽기 바란다. 앞으로 당신에게 가장 많은 영향을 줄 두 가지 요인은, 당신이 읽을 책들과 당신 주변에 있는 사람들이다. 사람들은 우리에게 많은 자극을 준다. 사람들과 함께하는 일의 매력을 더 많이 경험하면 할수록 그 일이 더 쉬워진다는 것을 알게 될 것이다.

나의 아버지가 가르쳐 주신 중요한 교훈 중 하나는 다음과 같다.

"중요한 사람의 주위에 있을 때는 언제나 핵심을 간파하는 질문 외에는 입을 꼭 다물고 있어라. 만일 너보다 더 많이 아는 사람들과 함께 있으면, 그들의 지혜를 빌리고 그들이 가진 것을 활용해라. 그들이 직접 말하게 하거라. 그들이 알고 있는 모든 것을 말이야."

나는 우리가 개인의 자원을 최대한으로 활용하는 일이 극히 드문 것을 보고 항상 놀란다. 언젠가 나는 미국 전역을 비행하고 상담자 사례비를 받은 적이 있다. 그때 내가 한 일이라고는, 대부분의 시간을 서로 논쟁하는 데 보내는 사람들과 함께 앉아 있는 것이었다.

2. 끊임없이 교육 과정에 등록하라

이 방법은 당신의 지식뿐만 아니라 당신이 가진 기술도 향상시켜 줄 것이다. 지금은 그 어느 때보다 지성을 풍부하게 하고 재능을 개발하기에 좋은 기회들이 많이 제공되고 있다.

그러나 가장 중요한 교육 과정은 당신 자신의 개인적인 성경공부 프로그램이다. 나는 일생 동안 뛰어난 영적 사역을 하는 평신도들 가운데 하나님의 말씀을 개인적으로 섭취하는 일에 강하지 않은 사람을 본 적이 없다.

하나님의 말씀 "아래" 있는 많은 사람들이 스스로의 힘으로 하나님의 말씀 "안에" 있게 되거나, 말씀이 그들 안에 들어오게 하는 것은 아니다. 한 번은 어떤 부인이 내게 "헨드릭스 박사님, 저는 성경을 29번이나 통독하였답니다."라고 말해왔다. 나는 이렇게 답했다.

"훌륭하십니다. 부인. 그러면 성경은 당신의 머리 속을 몇 번이나 훑었습니까?"

하나님의 말씀이 가르치는 사역의 중심에 있을 때, 그것이 미칠 수 있는 영향력은 누구도 상상할 수 없다. 바울은 디모데후서 2장 2절에서 이 사실에 대한 신선한 통찰을 준다. 그는 디모데에게 이렇게 이야기한다.

> "네가 많은 증인 앞에서 내게 들은 바를 충성된 사람들에게 부탁하라 그들이 또 다른 사람들을 가르칠 수 있으리라"

그것이 곧 배가의 사역이다. 당신이 가르침을 시작할 때마다 대대로 영원히 끝나지 않을 과정을 시작하는 것이다.

3. 학생들을 파악하라

학생 연령별 욕구와 일반적인 특징에 관해 전문가가 되어라. 그리고 더 나아가 학생들을 개인적으로 알아야 한다. 그들에 대해 할 수 있는 한 많은 것을 알도록 하라.

몇 년 전에 댈러스에 있는 어느 교회에서 중고등부 교사를 구하느라고 애쓴 적이 있었다. 그런데 후보자 명단에 적힌 사람은 겨우 한 명뿐이었다. 사람들이 그가 어떤 사람인지 이야기했을 때, 나는 "농담이시겠지요."라고 했다. 그러나 그 젊은이에 관한 나의 그릇된 판단은 더 이상 계속될 수 없었다. 그가 그 반을 맡아 대변혁을 일으켜낸 것이다.

크게 감명을 받은 나는 어느 날 그를 점심식사에 초대하여 성공 비결을 물었다. 그는 검은색 표지의 조그만 수첩을 꺼냈다. 그 수첩에는 페이지마다 그 반 학생들의 사진이 붙어 있고, 학생들의 이름 아래에 "수학 때문에 고민하고 있음", 혹은 "부모님의 반대를 무릅쓰고 교회에 나옴", 혹은 "장래에 선교사가 되고 싶어 하지만 자신이 선교사의 자질을 갖추고 있는지는 생각지 않고 있음" 등등의 짧은 이야기가 적혀 있었다. 그는 이런 말을 덧붙였다.

"저는 매일 그 기록들을 보고 기도합니다. 그리고 하나님께서 그들의 삶에 행하신 일들이 궁금해서 주일까지 기다리기가 힘이 듭니다."

나는 당신의 학생들(유아반이든 노인반이든)을 위해 이와 같은 방법으로 기도하라고 권한다. 그러나 많은 경험에서 깨달은 한 가지 주의 사항이 있다. 우리가 함께 일하는 이들에 대해 어떠한 꼬리표를 다는 것은 그들을 깎아 내리는 것이기 쉬움을 항상 기억하라. 우리는 학생들을 "그 여자아이는 말을 잘 하지 않는다.", "그 아이는 골칫덩어리다." 등등으로 분류해버린다. 학생들에게 절대로 그러한 부정적 꼬리표를 달지 마라.

초등학교 5학년 때 나는 사이먼이라는, 잊을 수 없는 선생님을 만났다. 그리고 그 선생님도 나를 잊을 수 없을 것이라고 생각한다. 처음으로 수업을 받던 날 선생님께 내 이름을 말하였을 때, 선생님은 "하워드 헨드릭스, 너에 관해 많은 이야기를 들었어. 넌 이 학교에서 제일가는 악동이라지."라고 했다.

'뭐라고? 그래, 선생님이 나를 이 학교에서 제일가는 악동이라고 생각한다면, 반드시 두 번째로 순위가 떨어지도록 하지 말아야겠군.'

그래서 나는 그녀가 말한 대로 제일가는 악동이 되었다.

때때로 나는 교사들에게 "여러분은 학급에서 어떤 아이들을 가장 좋아합니까?"라고 묻는다. 어떤 교사는 "곱슬머리를 길게 늘어뜨린 귀엽고 조그만 소녀가 있어요. 그 아이는 결코 드러나게 행동하지 않으며 속을 썩이는 일도 하지 않아요."라고 답한다. 그렇다면 그 아이는 20년 후에도 여전히 드러나지 않을지도 모른다. 그러나 오늘 담을 넘어다니는 말썽쟁이 아이는 내일 당신이 다니는 교회의 목사나 선교사로 성장할 가능성이 크다.

말썽을 일으킬 만큼 창의적인 아이들은 나중에 예수 그리스도를 위해서 그만큼 더욱 고귀하고 의미 있는 삶을 살 수 있다. 때때로 그들은 주일학교에서 지나치게 활발하며 마음을 조마조마하게 만들고 꼬치꼬치 캐묻기를 좋아한다. 그러면 우리는 어떻게 하는가? 그 아이들의 그러한 점들을 모두 뜯어고치려고 한다.

"당장 그만두지 못 하겠니! 여기가 주일학교인 줄 몰라?"

신체적 영역

신체적 영역에서 그리스도께 복종하는 일을 적절하게 관리하지 못하고 있는 부분이 있는가?

신체적 영역은 대부분의 복음주의 그리스도인들이 가장 소홀히 여기는 영역이다. 우리의 인간성을 부정하는 경향이 있기 때문이다. 영혼을 위한 소망이 있듯이 몸을 위한 소망이 있음에도 불구하고, 우리는 우리 몸을 아무렇게나 사용하고 있다. 이에 대한 성경의 가르침이 그렇게 많은데도 우리가 그것을 보지 못하는 것이 이상할 정도이다(만일 당신의 신앙생활에서 가장 필요한 영역을 알기 원한다면, 성경을 읽을 때 밑줄 치지 않았던 구절들을 살펴보라).

우리는 성령충만에 관한 이야기를 많이 한다. 그러므로 우리가 삶의 어떤 영역에서는 그 개념을 적용하는 반면 어떤 영역에서는 시종일관 회피하고 있음을 살펴보는 것은 흥미 있는 일이다.

개인적인 이야기를 하고자 한다. 당신의 돈은 어떻게 관리되고 있는가? 대부분의 그리스도인 재무 상담가들은 아마 당신에게 직접적으로 이 영역에서 속수무책이라고 말할 것이다. 미국인들의 80%가 자신의 자산보다 더 많은 빚을 지고 있다는 것을 알고 있는가? 그럼에도 불구하고 믿을 수 없을 정도의 돈이 우리 손에서 빠져나가고 있다. 미국의 그리스도인들은 그리스도의 심판대 앞에 설 때에 특별히 많은 것을 해명해야 할 것이다. 왜냐하면 그분은 많이 받은 자에게 많이 요구하실 것이기 때문이다.

당신의 재물은 어떤가? 아내와 나는 명문 가문의 부자와 식사를 한 적이 있었다. 나는 그에게 물었다.

"당신은 그처럼 부유하게 자랐는데도 어떻게 물질만능주의에 빠지지 않을 수 있었습니까?"

그의 대답은 간단했다.

"우리 부모님은 집안에 있는 모든 것을 우상 아니면 도구라고 가르치셨습니다."

당신은 자신의 소유물을 어떻게 생각하는가?

당신은 시간을 어떻게 사용하고 있는가? 그 부분도 통제하고 있는가? 만일 당신이 시간을 통제하지 못한다면 당신의 우선순위와는 다른 우선순위를 가진 누군가에게 통제당할 것이다. 나는 가는 곳마다 나의 삶에 대한 놀라운 계획을 가진 사람들을 보게 되는데, 그들은 항상 그것 역시 하나님의 계획이라고 말한다.

당신의 성생활은 통제 하에 있는가? 우리가 사는 세상이 죄에 물들어 있기 때문에 하는 말이다. 실로 많은 사람들이 결코 예수 그리스도께서 그들의 성생활에 개입하시게 하지 않는다. 그리고 그들은 자신들의 결혼생활이 그러한 면에서 잘못된 것을 느끼면, 그들의 관계를 소홀히 하였기 때문이라고 생각해서 새로운 방법을 찾느라고 시간을 전부 소비한다. 그들은 예수 그리스도께서 그들을 인도하여 세상에서 가장 친밀한 관계 속에서 배우자의 생활 속에 자유롭게 들어갈 수 있도록 해주시는 것을 원하지 않는다.

그리스도인이라는 것이 당신의 사고방식과 어떻게 연관되는가? 신학교에서나 여행을 할 때 만난 많은 젊은이들은, 자신들의 머리를 하찮은 것으로 가득 채우고 있었다. 그러면서 그들은 나에게 "어째서 내가 경건해지지 않을까요?"라고 묻는다. 내가 플레이보이와 펜트하우스를 아주 열심히 읽는 젊은이에게 했던 질문이 그 대답이 될 수 있을 것 같다.

"자네, 정말로 그 잡지들을 읽는 일이 자네를 하나님의 사람으로 만들어 갈 거라고 생각하는가?"

당신은 식사량을 조절하는가? 만일 내가 당신의 교회에서 세미나를 하기로 되어 있는데 술에 취한 상태로 찾아간다면 당신은 나의 강연을 즉시 취소할 것이다. 그러나 만일 내 몸무게가 정상인보다 20kg이 더 나갈 정도로 살이 쪄서 간다 해도, 당신은 나에게 음식을 더 권할 것이다. 그렇지 않은가?

먹을 것 없이는 그리스도인의 모임을 가질 수 없는가? 그렇다면 초대교회에서는 다과 없이 어떻게 모임을 가졌는지 궁금하지 않은가? 그들에게는 함께 모이게 해주는 더 좋은 것이 있었다. 그것은 곧 박해였다. 박해는 사람들을 가장 쉽게 밀착시킨다. 계속해서 다른 면을 살펴보자.

운동은 어떠한가? 에어로빅 건강법의 개념을 보급시킨 케네스 쿠퍼 박사는 확실한 간증을 하고 있다. 그는 약 3,400명의 우리 신학교 학생들에게 규칙적이고 체계적인 운동을 함으로써 5년 내지 15년은 더 사역할 수 있다고 말하였다.

휴식 또한 필요하다. 수면뿐만 아니라 생활 속도의 변화 또한 필요하다. 나는 단순한 것이지만 생활의 균형을 찾도록 도와주는 흥미 있는 도표를 우연히 찾아냈다.

내가 일을 하면서 보내는 시간은 얼마인가?	내가 사람들과 함께 보내는 시간은 얼마인가?
내가 놀면서 보내는 시간은 얼마인가?	내가 혼자 보내는 시간은 얼마인가?

우리 대부분은 이 항목 중 적어도 한 가지 영역에서는 균형을 잃는 경향이 있다.

나는 예전의 제자 한 사람을 목회자 집회에 참석시키기 위해 방문한 적이 있다. 내가 도착하자마자 그의 아내가 내 곁으로 다가와서 말했다.

"선생님, 제발 남편에게 무슨 말씀 좀 해주세요. 남편은 자는 시간을 겨우 평균 5시간으로 정해 놓고 4시간 정도만 잔답니다. 솔직히 말씀드리면 우리는 그이와 함께 살 수가 없어요. 그이는 아이들을 막무가내로 몰아붙입니다."

그 주간이 끝날 무렵 우리는 자동차로 함께 여행을 하였다. 그가 운전을 하는 동안 나는 "여보게, 자네는 왜 담배를 피우지 않나?" 하고 물었다. 우리는 고속도로를 거의 다 벗어나고 있었다. 그가 대답했다.

"교수님, 저는 담배를 전혀 피우지 않습니다."

"그렇더군. 나도 지난주 내내 자네가 담배에 불붙이는 것을 본 적이 없네."

그러자 그는 마치 내 얼굴에 벌레가 기어 다니기라도 하는 것처럼 약간 의아하다는 표정으로 나를 보았다. 나는 또 물었다.

"자네, 왜 담배를 피우지 않나?"

"교수님, 저의 몸은 성령의 전입니다."

"그렇다네. 옳아, 아주 멋진 말이야. 훌륭한 생각이지."

그다음에 나는 덧붙였다.

"역시 그것이 자네가 밤에 잠자는 시간을 평균 5시간만 정해 놓고 4시간 정도 자며, 자네 가족을 괴롭히는 이유인가?"

아마 내가 그의 머리를 각목으로 내리쳤다 해도 그 말만큼 그에게 충격을 주지는 않았을 것이다.

사회적 영역

당신의 삶의 사회적 영역은 어떠한가? 당신은 어떤 친구를 사귀고 있는가? 당신은 당신이 속한 특정 교파의 교인하고만 교제하는가? ("그들"은 하나님의 택한 백성이고, 그렇지 않은 사람은 하나님께서 버리신 사람이라는 생각으로) 아니면, 구원받지 못한 사람들 가운데 친구가 있는가?

효과적인 관계 전도에 대한 우리의 연구 결과에 의하면, 보통 그리스도께 나아온 사람이 관계 전도를 잘하는 것은 2년 동안만이다. 그 후로는 믿지 않는 친구들과 교제를 끊거나 그렇지 않으면 불신자인 친구들이 그와의 교제를 끊었다. 보통은 전자의 경우가 많다.

당신은 불신자들과 잘 알고 지내는가? 당신은 "글쎄요, 나는 목사인데요."라고 답할 것이다. 그러나 그것은 그리스도인으로서 충분한 변명이 되지 못한다. 당신의 신분과는 다른 사람이 되려고 노력하라. 자신의 신분을 내세우지 마라. 평범한 사람이 되도록 노력하라.

당신이 우리와 비슷한 경험을 했는지는 모르겠다. 그러나 일반적으로 아내와 나는 건설적인 면에서 함께하기 가장 힘든 대상이 기독교 단체임을 종종 발견한다. 우리가 속한 단체의 어떤 사람들은 서로의 지적 능력을 깔보는 것 같아 보이기까지 한다.

그러므로 친구 사귀는 문제를 창조적으로 생각할 것을 권하며, 그렇게 할 때 하나님께서 어떻게 하시는가를 살펴보기 바란다. 연령대가 서로 다른 사람과의 친구 관계는 어떤가? 당신은 나이가 아주 어린 아이들과도 친한가? 이 말은 그들이 당신을 아저씨 혹은 아무개라고 부르며, 당신을 가장 위대한 사람으로 생각할 만큼 정말로 "알고" 있는가를 묻는 것이다.

친구의 범위를 넓히라. 말이 나온 김에 친한 친구가 누구인지 점검하는 법을 소개하겠다. 친한 친구란 당신에 관한 모든 것을 알고, 그럼에도 불구하고 당신의 모든 것을 받아들이며, 당신의 매우 이상한 생각도 거절하지 않고 들어주고, 당신이 귀를 기울이고 듣도록 당신을 비판할 줄 아는 사람이다.

나는 10년이 걸려서야 나의 아내 진을 가장 친한 친구로 만들 수 있었다. 왜냐하면 나의 참모습이 무엇이며, 나의 은밀한 공포와 불안이 무엇인가를 그녀가 알게 되는 것을 몹시 두려워했기 때문이다. 만일 그녀가 알아차린다면 나를 거절할 것이라고 생각했다.

그러나 그녀는 이미 알고 있었다. 그럼에도 불구하고 나를 완전히 아들였고 그것이 나를 자유롭게 하였다.

나는 어떠한가?

마지막으로, 기억해야 할 것은 점검을 받지 않는 삶은 가치가 없는 삶이 된다는 것이다.

우리 집에는 아이들의 키를 재서 표시하는 표가 있다. 아이를 키우는 집이라면 아마 거의 가지고 있을 것이다. 우리 집에는 그것이 작은 방문 뒤편에 붙어 있었다. 우리는 그 집을 팔 때 그 문을 떼어내고 새 문으로 바꿨으며 표가 붙어 있던 그 헌 문은 가져왔다.

나의 둘째 딸 베브는 매우 작았지만 키가 자라는 것에 상당히 관심을 가지고 있었다. 한 번은 내가 두 주간의 목회 여행을 하는 동안 키가 자라겠노라고 약속을 하였다. 돌아와서 비행기를 내리자마자 그 아이는 "아빠, 빨리 집에 가요, 제가 얼마나 자랐는지 보세요."라는 말로 나를 반겼다. 우리는 집으로 갔고 작은방으로 가서 키를 재어 보았다. 베브는 몇 밀리미터mm밖에 자라지 않았다. 그러나 그 아이는 "아빠, 제 키가 자랐어요."라고 말하며 기뻐 깡충깡충 뛰었다.

우리가 그동안 쌓인 이야기를 하려고 거실로 갔을 때 베브는 보통 아이들로서는 잘 생각하지 않을 질문을 해왔다.

"아빠, 왜 어른들은 자라지 않아요?"

나는 그 아이에게 무슨 대답을 해주었는지 기억이 잘 나지 않는다. 확실한 것은 이런 식의 매우 피상적인 대답이었다는 것이다.

"글쎄, 어른들은 위로 자라는 것은 멈춘 대신에 옆으로 자란단다."

그러나 그 아이가 가고 나서 한참 지난 후에 하나님께서는 그 아이가 한 말을 통해 나에게 역사하셨다. 왜 어른들은 자라기를 멈추는가? 나는 어떤가? 왜 신학교 교수들은 자라기를 멈추는가? 그들도 종종 다른 사람들과 똑같이 자라지 않는다. 왜 그런가?

이것은 모든 교사들에게 해당되는 위험이다. 나에게 "헨드릭스 형제, 나는 23년 동안 이 부서에서 가르치고 있다네."라고 말하는 사람들이 있다. 그 말이 필연적으로 증명하는 것은 무엇인가? 그것은 하나님의 은혜이다. 그것이 전부이다. 어린 시절 나는 0과 어떤 수를 곱하면 여전히 0이라는 것을 배웠다.

결국 경험이란 것이 당신을 반드시 더 훌륭하게 만들어주지는 않는다. 만일 그것이 가치가 입증된 경험이 아니라면 오히려 당신을 더 나쁘게 만들기 쉽다.

훌륭한 교사들에게 닥치는 가장 큰 위협은 "만족"-'내가 어떻게 하면 더 발전할 수 있는가?' 자문해보지 않는 것-이다(당신의 사역에 가장 큰 위협이 되는 것은 바로 당신의 사역 자체다).

그러므로 중요하지도 않은 일로 너무 바쁘게 지내지 마라. 주저 말고 다시 앞으로 돌아가서 "주님, 주님께서 제게 원하시는 것에 비추어 볼 때, 지금의 저는 어떻습니까?"라고 물으라.

어느 평가나 다 그렇겠지만, 자기 평가는 다음 세 가지 질문에 근거해서 이루어져야 한다.

첫째, 나의 장점은 무엇인가?
둘째, 나의 단점은 무엇인가?
셋째, 나에게 변화되어야 할 것은 무엇인가?

그리고 기억하라. 변화의 과정은 본질적으로 당신의 습관을 고치는 과정이다. 어떤 일을 한 번 하면, 두 번도 할 수 있다. 두 번 그 일을 하라. 그러면 세 번도 할 수 있다. 그것을 세 번하라. 그러면 그것이 습관이 되기 시작할 것이다.

존경할 대상이 없다

최근에 나는 이발소에서 전에도 그곳에서 마주친 적이 있는 한 소년과 대화를 나누었다.

"너는 어떤 사람이 되고 싶니?"

"선생님, 저는 닮고 싶은 사람을 아직까지 찾지 못했어요."

그 소년이 특이한 것이 아니다. 만일 당신이 그런 상황에 있다면, 내가 이야기하는 것이 무슨 뜻인지 알 것이다. 아이들은 완벽한 선생님을 찾는 것이 아니라 다만 정직한 선생님과 성장하는 선생님을 찾는다. 그럼에도 불구하고 많은 아이들이 존경할 만한 선생님이 없다고 말한다.

오늘날에는 애, 어른 할 것 없이 무지한 사람들이 많다. 그들은 왜 예수 그리스도께서 이 세상에 오셨는지 모르며, 성경이 자신들의 문제에 대한 해답을 갖고 있다는 것도 모른다.

그들의 절실한 필요는, 하나님의 살아 있는 말씀을 알고 그 말씀을 끊임없이 연구하며 그 말씀에 사로잡혀 하나님이 미워하시는 것을 미워하고 하나님이 사랑하시는 것을 사랑하는 사람을 보는 것이다. 그리고 개인적으로 받아들인 그 진리가 그들을 변화시키기 시작하면, 그들 또한 다른 이들에게 강한 영향을 끼칠 수 있는 것이다.

토의를 위한 질문

1. 지난해 당신의 삶에서 성장한 부분 중 어떤 영역들이 당신에게 배우는 사람들에게 가장 뚜렷하게 보였을 것이라고 생각하는가?

2. 무엇이 가르침에 대한 당신의 신념과 태도를 성장하도록 해주었는지 이야기해보라.

3. 훌륭한 교사의 세 가지 특징인 충성Faithful, 유용성Available, 배우는 자세Teachable에 관해서 다음의 질문으로 자신을 평가해 보라.

    (1) 나의 장점은 무엇인가?

    (2) 나의 단점은 무엇인가?

    (3) 나는 어떤 방법으로 변화되어야 하는가?

4. 한 사람의 영적 성장이 지적, 신체적, 사회적인 면에서의 성장, 또는 성장의 결핍에 의해 어떤 영향을 받는지 그 예를 들어보라.

교육의 원리
The Law of Education

교사의 진정한 역할은 스스로 학습하기 가장 좋은 여건을 만들어 주는 것이다.
참된 가르침은 지식을 주는 것이 아니라 학생들이 지식을 얻도록 자극하는 것이다.
가장 적게 가르치는 사람이 가장 잘 가르치는 사람이다.

● 존 밀톤 그레고리

　교사는 단순히 원리를 심어주는 것이 아니라 영향을 끼치고 싶어 한다. 그러므로 학생들이 배우는 방법이 교사가 가르치는 방법을 결정한다. 이것이 교육의 원리이다. 이 원리의 기초가 되는 개념은 존 밀톤 그레고리가 그의 고전인 『7가지 교육법칙』(생명의말씀사)에서 말하는 교육과정의 원리이다. 그 원리는 학습자의 자발적인 활동을 자극하고 이끄는 것을 포함한다.

　실제로 우리는 그 원리를 다음과 같이 확대할 수 있다.

　"교사는 학습자의 자발적인 활동을 자극하고 이끌어야 한다. 그리고 일반적으로(나중에 몇 가지 예외를 제시하기는 하겠지만) 학습자가 스스로 배우고 행할 수 있도록 아무것도 말해 주지 말아야 한다."

　그러므로 중요한 것은 교사인 당신이 무엇을 하느냐가 아니고, 당신이 가르친 결과로 학생이 무엇을 하느냐이다.

　이 정의는 교사와 학생의 역할을 매우 분명하게 정의해 주고 있다. 교사는 일차적으로 자극을 주고 동기를 부여하는 사람이다. 선수가 아니라 선수를 자극하고 지도하는 코치이다. 학습자는 일차적으로 탐구자, 발견자, 행위자이다.

　그러므로 가르침의 궁극적인 평가 기준은, 교사가 무엇을 하느냐 또는 그것을 얼마나 잘하느냐가 아니고, 학생이 무엇을 얼마나 잘하느냐 하는 것이다.

　나의 큰딸 바브는 비싼 비용을 들여 댈러스 교향악단의 수석 바이올린 연주자에게 교습을 받았다. 하지만 발표회 때 누가 연주를 했겠는가? 그 수석 연주자가 아니다. 내가 참석한 음악회에서, 나는 그가 연주하는 것을 단 한 번도 들어본 적이 없다. 그가 "신사 숙녀 여러분, 여러분에게 제가 이 곡을 얼마나 잘 연주하는가를 보여드리고자 합니다."라고 말하는 것도 들어본 적이 없다. 그렇다. 나는 그가 연주하라고 비용을 지불한 것이 아니라 바브를 가르치는 비용을 지불하였던 것이다. 그리고 내가 알고자 한 것은 그가 바브를 가르친 결과, 즉 바브가 얼마나 바이올린 연주를 잘할 수 있는 가였다.

훌륭한 교사는 자신이 하는 일에 초점을 맞추는 것이 아니라 학생이 하는 일에 초점을 맞춘다. 플라톤이 말한 교훈을 명심해 두자.

"한 나라에서 귀히 여김을 받는 것은 바로 그곳에서 성장한 것이다."

당신이 가르치는 것 가운데서 영예롭게 생각하는 부분은 무엇인가? 당신은 학생들이 늘 맞는 답을 말할 수 있고 모든 기독교의 진리를 말할 수 있다는 사실에 만족하는가? 그것이 당신을 만족시키는가?

신학교에서 나는 학생들이 얼마나 많이 알고 있느냐는 것에는 결코 감동을 받지 않기 때문에, 어떤 학생들은 당황하기도 한다. 그들은 나를 감동시키기 위하여 언제나 여기저기에 헬라어와 히브리어를 한두 마디씩 곁들여서 말한다. 그러면 나는 "대단하군, 그런데 그 단어가 자네의 삶에는 어떻게 역사하는가?"라고 묻는다.

그러나 교육이 그저 전달이며 시험은 본질적으로 벼락공부 지식 측정 정도에 불과한 현대의 교육제도에서는 이것이 그다지 강조되지 않는다. 교사들은 학생이 머리 속에 얼마나 많이 쑤셔 넣었다가 한 장의 시험지 위에 토해낼 수 있느냐 따위에 관심을 갖는다. 신학교 복도에서 시험을 치러 가는 한 학생을 만났다. 그는 넋이 빠진 것 같았다. 나는 그의 어깨에 손을 얹고 말을 걸기 시작했다. 그는 익살을 떨었다.

"교수님, 저를 만지지 마십시오. 알고 있는 것이 새어 나가거든요."

이것은 교육이 아니다.

대학교 강의실에 한 번도 앉아 본 적이 없는 많은 사람들이 진정 뛰어난 교육을 받는다. 그들은 지혜로운 사람들이며, 교육을 받았고, 또 받고 있다. 그들은 모든 것을 다 알지는 못할지라도, 아는 것은 행동으로 옮긴다. 그러므로 하나님은 그들을 그분의 뜻을 이루기 위한 도구로 사용하신다.

긴장

심리학자 에이브러햄 매슬로우는 학습의 4단계를 지적하였다.

학습자의 첫 단계, 즉 모든 사람이 시작하는 기본 단계는 무능력의 무의식, 즉 무지하면서도 그것을 알지 못하는 것이다.

두 번째 단계는 무능력의 의식, 즉 자신이 모른다는 것을 알고 있는 것이다. 이것을 어떻게 알게 되는가? 보통은 누군가가 당신에게 말해준다. 그러나 경우에 따라서는 스스로 알게 된다.

세 번째 단계는 능력의 의식이다. 자동차 운전을 처음 배울 때와 같이 무언가를 배웠다. 그리고 그것을 의식하면서 실행한다.

마지막 단계는 능력의 무의식이다. 자신에게 능력이 있는데 그것을 생각조차 하지 않는 상태이다. 당신은 차에 올라타서 시동을 걸고 브레이크를 풀고 기어를 넣는다. 그리고 그것들에 관해 생각조차 하지 않으면서 그 모든 준비를 마친다. 실제로 당신은 차를 몰고 있는 동안 내내 운전 이외의 다른 무언가를 생각하기도 한다.

가르치는 기술-그리고 배우는 어려움-은 사람들이 스스로 그 과정의 처음 단계로 가서 배움의 과정을 시작하도록 하는 것이다. 그것은 교사에게나 학생들에게나 쉽지 않은 일이다. 그러나 긴장 없이는 성장도 없고 발전도 없으며 학습도 없다. 긴장은 그 과정에서 절대적으로 필요한 것이다.

지나친 긴장은 확실히 좌절, 스트레스, 불안의 원인이 된다. 그러나 너무 긴장을 하지 않으면 오히려 무관심하게 된다.

그러므로 하나님께서는 주기적으로 우리의 안정 상태를 깨뜨리시기 위해 신적인 계획으로 우리의 삶 속에 들어오신다. 그것이 우리를 발전시키시는 그분의 방법이다.

우리는 "주 하나님, 저를 하나님의 아들과 닮게 해주십시오."라고 기도한다. 그러고 나서 기도를 끝내고 현실로 나아간다. 그런데 곧 생활 속에서 일어나는 여러 가지 일들로 당황하게 된다. 우리는 묻는다.

"주님, 무슨 일입니까?"

무슨 일이 일어났다면 그것은 그분이 우리의 기도에 응답하시는 것이다. 예수 그리스도는 하나님의 아들이시라도 받으신 고난으로 순종함을 배우신 것을 기억하라(히 5:8).

당신은 강의 시간 내내 학생들이 편안한 느낌을 갖게 하는가? 아니면 학생들이 '하나님의 말씀을 더 연구해야 한다.', '더 생각해야 한다.', '이것을 실생활에서 적용해야 한다.'는 사실을 깨닫게 하기 위해서 그들의 안정 상태를 깨뜨리는가?

교사로서 내가 대대적으로 사용하는 것 중의 하나는 역할 연기이다. 진과 나는 약 500명의 신학생 부인들을 한 반으로 하여 팀 수업을 하고 있었다. 우리는 교대로 이야기를 하였다. 한 사람이 짤막한 단락 하나를 가르치고 나면, 또 한 사람이 다음 단락을 가르쳤다. 그렇게 하다가 어느 시점에서 나는 진이 이야기를 시작하자, 그녀를 쳐다보면서 단호히 말하였다.

"진, 우리는 이 부분을 하지 않기로 합의했어요."

그녀는 날카롭게 반박하였다.

"하워드, 이것은 정확하게 우리가 여기에 서기 전에 결정한 거예요."

우리는 언쟁을 하기 시작하였다. 긴장된 침묵의 분위기가 청중들을 즉시 사로잡았다. 교실은 긴장으로 가득 찼다. 만일 성냥을 그었더라면 모두 다 타 버렸을 것이다. 마침내 우리가 그 분위기를 깨뜨리자 그들은 우리의 언쟁이 계획된 것임을 깨달았고 장내는 박수 소리로 떠나갈 듯하였다. 우리는 자신을 노출하는 것을 두려워하지 않았다. 우리는 서로 논쟁하는 방법에 관해 상당히 알고 있음을 인정했다. 그리고 그 결과로 생긴 긴장이 학습 능력을 증가시켰다.

덧붙여 말하자면, 역할 연기는 학습자가 참여하는 길을 열어줄 수 있다. 내가 가르치는 학생들 중 한 명은, 어느 침례교회에서 부부의 대화에 관해 강의하는 동안 이 방법을 시도하였다. 그 학급에 어느 신학교 출신의 부부 한 쌍을 손님으로 초청한 것이다. 그 학급에서 그들 부부를 아는 사람은 한 사람도 없었다. 강의를 하고 있는 동안에 그 부부는 나지막한 목소리로 심하게 다투기 시작했다.

"당신, 뭐 하러 날 여기에 데리고 왔지?" 남자가 말했다.

"조용히 해요!" 여자가 대꾸했다.

"내가 분명히 말했잖아. 나는 이런 종교적인 이야기는 전혀 듣고 싶지 않다고." 남자가 다시 쏘아 붙였다.

그러자 갑자기 그 강의에 참석한 한 남자가 그 남편에게로 몸을 돌려서 말했다.

"여보시오, 부인을 존중하시오!"

그의 훌륭한 반응은 분명히 우리가 따로 계획하지 않은 것이었다.

분명한 목표를 정할 것

이전에 서부 연안에 있는 교회에 설교하러 간 적이 있다. 그런데 설교를 하려고 일어나서 강대상 앞에 섰을 때 이런 표어가 보였다.

"당신은 이 사람들에게 무엇을 하려고 하는가?"

그 말은 그날 나의 설교 방향을 거의 바꾸어 놓았다. 나중에 내가 그 표어에 관해서 물었을 때 그 교회 목사는 이렇게 대답했다.

"헨드릭스, 나는 12년 동안 목표도 없이 설교를 하고 있었소. 그런데 어느 날, 만일 내가 하려고 하는 것이 무엇인가를 알지 못한다면 교인들도 그들이 해야 하는 것이 무엇인가를 알지 못한다는 것을 깨닫게 되었소. 그래서 나는 분명한 목표를 갖고 설교단에 오르기 시작하였소."

당신은 어떠한가? 당신의 강의에 분명한 목표가 있는가? 참된 교육 방법을 알고 있는가?

나는 당신에게 기본적인 목표 세 가지를 제시하고자 한다. 비록 당신이 그것을 당장에 받아들일 것을 바라는 것은 아니지만 계속 염두에 둘 것을 권고하는 바이다. 만일 당신이 그것을 충분히 연구하여 교사인 당신 개인의 소유가 된다면, 다음 세대에 당신을 존경하며 당신에게 감사한다고 말하는 사람들이 있을 것이다.

목표 1. 생각하는 법을 가르친다

만일 한 개인을 영구적으로 변화시키기 원한다면, 행동만을 변화시킬 것이 아니라 반드시 생각을 변화시켜야 한다. 만일 행동만을 변화시킨다면 그는 왜 자신이 변화되어야 하는지 이해하지 못할 것이다. 그것은 피상적이고 단기적인 것이다.

교사의 임무는 인간의 머리-그것은 고무 밴드와 같아서 일단 잡아당겨 늘이면 결코 본래의 상태로 돌아가지 않는다-를 확대시키는 것이다.

자신의 두뇌를 최대한으로 쓰면 그 두뇌가 닳아 없어져 버릴까봐 두려워하는 학생들이 많다. 그들을 위한 새로운 정보가 있다. 일전에 필라델피아에 사는 한 병리학자 친구에게 "자네, 두뇌를 많이 보았나?" 하고 물어 보았다.

"수백 개 보았지."

"써서 닳아진 것을 본 적이 있나?"

"아주 조금이라도 낡은 것은 한 번도 본 적이 없다네."

그러니 과감하게 모험을 하라.

두뇌를 확대한다는 것은 단순히 여러 가지 편견들을 재정리하는 것을 말하는 것이 아니다. 그러나 대부분의 사람들은 바로 그러한 것이라고 생각하고 있다. 아니다. 우리는 어떤 엄밀한 과정, 즉 씨를 뿌려서 싹이 트고 열매를 맺게 되는 과정에 관해 이야기하는 것이다. 그것이 언제인가? 당신은 결코 알 수 없다. 그것이 바로 교육의 묘미이다.

나에게 찾아와서 "교수님은 저의 인생의 방향 전체를 바꾸어 놓으셨습니다."라고 말하는 제자들이 있다.

"그런데 내가 무슨 말을 해서 자네의 인생을 바꾸어 놓았는가?"

그러면 그들은 몇 마디 심오한 내용이 담긴 말을 한다. 그러나 나는 "내가 그런 말을 했는지 기억조차 나지 않네. 어쨌든 그 말은 아주 훌륭하군! 적어 두어야겠네."라고 말하지 않을 수 없다.

곰곰이 생각해보라. 당신의 생애에서 가장 훌륭한 스승으로 기억되는 사람은 아마 씨를 뿌린 사람일 것이다. 그리고 당신은 그 씨로부터 지금도 수확을 거둬들이고 있을 것이다.

특정 강의에 집중하다가 다음 사실을 잊지 않도록 하라. 훌륭한 가르침, 즉 참된 교육이란 단지 일련의 가르칠 수 있는 순간들로 이루어진다. 당신이 학습자의 마음과 생각을 꿰뚫어서, 기꺼이 배울 준비가 되어 있는지 알려면 미리 짐작할 수 없는 절호의 기회를 이용할 줄 아는 역동성이 필요하다.

마가복음 4장은 그 표준이 되는 실제의 예-씨 뿌리는 비유-이다. 그 비유를 읽으면, 예수께서 묘사하신 모든 상황에 단 한 가지의 변수가 있음을 발견할 것이다. 씨를 뿌리는 자는 동일하다. 그리고 씨도 동일하다. 그러나 각 경우에 토양(개인의 반응)은 다르다. 모든 것은 개인의 반응에 달려 있다.

그러므로 당신은 무엇을 하더라도 반응하는 학생이 생각하는 것을 도와줌으로써 가르칠 수 있는 순간을 기꺼이 이용하도록 하라. 동시에 다음 사실에 주의하기 바란다. 만일 당신이 학생에게 생각하는 방법을 가르치려면, 우선 당신이 스스로 생각하는 방법을 알고 있어야 한다.

나는 대학교와 신학교에서 만난 몇 분의 교수님 덕분에 완전히 변화되었다. 그리고 많은 경우에 그것은 그분들이 가르치던 과목과 아무런 관계가 없었다. 오히려 그것은 생각하는 방법을 알고 있는 사람, 그리고 나도 그렇게 할 수 있도록 가르치는 데 필요한 놀라운 방법들을 알고 있던 사람과의 만남에 의해 이루어졌다.

기독교-특히 복음주의적인 기독교-는 지적으로 비난을 받아왔다. 그것은 전혀 옳지 않다. 그러나 많은 사람들이 기독교는 생각이 없는 사람들을 골라서 끌어들이는 것으로 오해한다. 그들은 그리스도인이 되기 위해서는 눈과 귀를 모조리 틀어막고 미쳐야 된다고 생각한다. 이것은 특히 여성들에 관한 견해이다. 오늘날 일부 복음적인 단체에서는 여전히 그렇다. 만일 내가 여성이라면 그런 교회나 단체에 나 역시 질색을 할 것이다. 왜냐하면 교회에 가서 "제가 예수 그리스도를 위해 무엇을 할 수 있나요?"라고 물으면, 그들은 나에게 요리를 하라고 할 것이 뻔하기 때문이다.

그러나 예수께서는 우리에게 마음과 목숨과 힘과 뜻을 다하여 주 하나님을 사랑해야 한다고 가르치셨다(눅 10:27). 그러므로 그리스도인이 그리스도를 따르면서 자신의 생각을 여전히 중립 상태에 내버려둘 수는 없다.

목표 2. 배우는 법을 가르친다

그들이 학습 과정을 평생 지속할 학습자가 되게 하라.

배우는 것이 어떤 것인지 생각해 보자. 배움(학습)이란 언제나 과정이다. 그것은 항상 계속되고 있다. 살아 있는 모든 순간에 배운다. 그리고 배우는 한 살아 있다. 오늘 배우기를 멈추면, 내일은 삶을 멈춘다.

그것이 이 책을 권하는 이유이다. 이 책을 읽는 것은 당신이 나에게 줄 수 있는 최대의 찬사이다. 흔히 교회에서 가장 열심히 배워야 할 사람들은 좀처럼 배우려고 하지 않는 사람들이다. 흥미롭지 않은가? 그러나 당신은 그렇지 않다. 축하한다! 당신은 학습 과정에 참가하였다. 이는 가슴을 설레게 하는 것이다. 이것은 당신을 살아 있게 해줄 것이다.

학습은 신나는 과정일 뿐만 아니라 또한 논리적인 과정이다. 이상적으로 그것은 다음 세 단계를 따른다. 즉 전체에서 부분으로 진행되었다가 다시 전체로 되돌아간다. 이른바 통합인 것이다. 그것은 그림 전체에서 시작하여 부분별로 분석하고 전체에 비추어 그 의미를 파악한 다음 다시 결합한다. 그리하여 문을 나서는 사람마다 "이제 나는 그것을 이해하고 그것을 사용할 수 있다."고 생각하게 된다.

사람들을 학습 과정에 끌어들이기 위해서는 먼저 그들에게 전체 그림을 제시하라. 예리하고 똑똑하고 유능한 사람들도 평생 동안 교회에 다니면서도 가장 중요한 것을 모른다. 왜냐하면 우리는 여러 부분으로 분류해서 살피는 경향이 있기 때문이다.

전에 내가 어느 교회에 설교 부탁을 받았을 때의 일이다. 그 교회의 장로들이 "헨드릭스 목사님, 부탁드릴 것이 있습니다만, 에베소서는 설교하지 않겠다고 약속해 주십시오."라고 했다.

나는 그들을 좀 놀려 주려고 마음먹었다.

"아시겠지만, 나는 교인들이 나에게 어디는 설교를 할 수 있다느니 없다느니 하는 교회에는 가지 않습니다."

"아닙니다. 그런 의미가 아닙니다. 오해하셨군요. 우리는 에베소서를 3년 동안 배우고 있답니다. 그런데도 이제 막 2장에 들어가기 시작했습니다."

그것이 그 과정에 대한 평가이다. 그리고 그것이 대부분의 교인들이 기껏해야 남은 조각 12광주리를 거두는 것으로 끝나는 이유이다. 그들은 전체 그림을 보지 못한다.

학습 과정은 자극적이고 논리적일 뿐만 아니라 또한 발견해 나가는 과정이다. 진리는 언제나 스스로 깨달을 수 있을 때 가장 유익하고 생산적이다.

나는 35년 동안 댈러스 신학교에서 "스스로 성경을 연구하는 방법"을 가르쳐 왔다. 이것은 내가 지금까지 가르치는 특권을 부여받아온 과목들 중에서 가장 즐거운 과목이다. 학생들은 자기 스스로 할당된 구절을 연구한 후에 수업에 참여한다. 그러면 그들이 깨달은 모든 것을 서로 나눌 시간이 부족하다.

"헨드릭스 박사님, 저는 박사님께서 이전에 결코 깨닫지 못하셨을 것을 주장하려고 합니다."라고 말하는 학생을 종종 보게 된다. 그는 칼빈과 루터도 그 사실에 관해 전혀 알지 못했다고 생각하고 있다. 그래서 그가 본문에서 발견해낸 보석같이 귀한 진리를 이야기하고 나면, 나는 너무나 흡족해서 열광적으로 기뻐한다.

그런데 많은 교사들이 그러한 학생을 어떻게 다루는가? 그들은 이런 식으로 말하곤 한다.

"그래, 빌. 잘했구나. 나 역시 그 진리를 53년 전에 깨달았지."

그 결과 복음적인 교회의 일반 청중들은 진리를 신나게 여기지 않는다. 그들은 진리로 방부제 처리가 되어 있다. 교회의 교육 프로그램은 종종 사람들의 지성을 무시한다. 우리는 그들에게 살아 있는 하나님의 말씀에 의해 자라는 법을 가르치는 대신에 꺾여서 시들은 꽃을 주고 있는 것이다. 그들은 스스로 하나님의 말씀을 발견하는 학습의 경험을 하지 못한다. 즉 개인적으로 "이것은 하나님이 말씀하신 것이다. 그리고 이것은 그분께서 나에게 바라시는 것이다. 내가 경험하고 있는 것과 같은 삶의 변화를 다른 사람도 듣고 경험해야 한다."는 것을 깨닫지 못하는 것이다.

목표 3. 공부하는 법을 가르친다

세 번째 목표는 학생 스스로 할 수 있는 것은 교사가 대신 해주지 않는다는 원리를 생각나게 한다. 마음만 먹으면 당신은 학생을 교육적으로 모자란, 즉 교육학적 결함자로 만들 수 있다.

엘로우스톤 국립공원에 가 본 적이 있다면 아마 공원 입구에서 삼림 경비원으로부터 종이 한 장을 받았을 것이다. 그 종이에는 커다란 글씨로 "곰에게 먹이를 주지 마시오."라는 경고가 적혀 있다. 그러나 공원 한복판으로 차를 몰고 들어가자마자 곰에게 먹이를 주고 있는 사람들을 보게 된다. 처음 이 장면을 보았을 때 나는 경비원에게 그 이유를 물었다. 그러자 그는 이렇게 대답했다.

"선생님, 사람들은 극히 단편적인 부분만 알고 있을 뿐입니다."

그는 가을과 겨울에 그 공원의 전 직원이 죽은 곰의 시체(사람들이 주는 먹이만 받아먹고 살아서 자신들의 생존 능력을 잃어버린 곰들)를 얼마나 많이 치워야 하는가를 설명하였다. 그런 일이 우리에게도 지금 일어나고 있는 것이다.

양심의 가책을 느낄 질문 한 가지를 하려고 한다. 각오하고 듣기 바란다. 당신은 방금 말한 것과 같은 죄를 짓고 있지 않는가? 당신 자신도 그러한 일에 가담하고 있지 않은가? 아니면 그것을 해결하기 위하여 노력하고 있는가?

당신의 의무는 학생이 스스로 공부할 수 있는 사람, 훈련된 사람, 자기가 결심했기 때문에 행동에 옮기는 사람이 되도록 계발하는 것임을 결코 잊지 마라. 그래서 나는 질문에 답하는 것보다 해답을 묻는 데에 더 많은 시간을 할애할 것을 제안한다.

교사의 의무는 빠르고 쉬운 해답, 즉 현실에서는 통하지 않는 이론에 불과한 해답을 주는 것이 아니다. 대신 학생들이 생각하고 토의한 문제 때문에, 그리고 지난주 동안 해답을 찾고 싶어 하던 문제 때문에 머리를 긁적이며 강의 시간을 끝마치게 하는 것이다. 그러면 당신은 늘 보던 겸연쩍은 하품 대신 참교육이 이루어지게 했음을 알게 될 것이다.

마지막으로, 학생들을 공부하게 하기 위해서는 내가 먼저 공부해야 한다는 것을 분명히 알기 바란다.

기본적 기능

학생들에게 생각하기, 배우기, 공부하기를 가르치려고 한다면 읽기, 쓰기, 듣기, 말하기의 네 가지 기본 기능을 숙달하도록 도와주어야 한다. 오늘날 복음적인 교회에는 읽는 사람이 극도로 부족하다. 나는 한 가지 예언을 하고자 한다. 이런 세태로는 곧 교회가 신자들의 읽기 보충 교육까지 해주어야 할 것이다.

어느 날 나는 신학교에서 강의 중에 학생들에게 "대학을 나온 일반 사람들의 문제는 읽지 못하고 쓰지 못하고 생각할 줄 모른다는 것이다. 읽지 못하거나 쓰지 못하거나 혹은 생각할 줄 모른다면 무엇을 할 수 있겠는가?"라고 질문하였다. 그리고 돌아온 답변은 이것이다.

"텔레비전을 보지요."

틀림없이 맞는 말이다. 텔레비전은 교육적으로 우리에게 대단히 소중한 것을 빼앗아가고 있다고 할 수 있다. 그리스도인 교육자인 당신은, 특히나 부모라면 우리 학생들이 이런 중독에 빠져 있는 현실을 깨닫고 거기서 벗어나도록 도와주어야 한다. 그 비참한 결과는 그들의 읽기 능력뿐만 아니라 생각하고 창조해내는 능력-교사가 발달시키기 원하는 가장 중요한 기능-까지도 없애버리는 것이다.

물론 일반 교육에서도 그러한 능력을 발달시키지 못하는 사례들이 많다. 나의 맏아들 밥은 학교에 입학하는 날을 몹시 기다렸다. 그 아이는 "아빠, 나 읽기 배우러 갈래요."라고 말하곤 하였다.

첫 날, 그는 풀이 죽어 돌아와서 "아빠, 난 읽을 수 없어요."라고 말했다. 나는 그를 안심시켰다.

"그래? 시간이 조금 걸릴 거야. 아직 어떻게 될지 모르잖니, 그렇지?"

그러나 몇 달이 지나도 그는 여전히 읽지 못하였고, 나는 염려가 되었다. 그래서 그 반 담임 교사를 찾아갔다. 그분은 대학을 졸업하고 처음으로 부임한 아름답고 젊은 여선생님이었다.

그녀가 말했다.

"헨드릭스씨, 이해를 못하시는군요. 중요한 것은 그 아이가 읽는 법을 배우는 것이 아니라 그 아이가 행복해야 한다는 것입니다."

그래서 나는 생각했다. 이것은 행복 숭배 문제에 직면해 있는 것이 아닐까? 우리는 그해 말까지도 참고 참았다. 마침내 나는 그 선생님에게 물었다.

"선생님, 만일 이 아이가 읽는 법을 안다면 더 행복하리라는 생각을 해보시지는 않았습니까?"

분명히 그러지 못했을 것이다. 나는 그 아이의 읽기 보충 수업을 위해 600달러를 썼지만, 그 돈은 내가 지금까지 투자한 돈 중에서 가장 값진 돈이었다. 왜냐하면 현재 그 아이는 내가 읽는 것(나의 읽는 속도는 상당히 빠른 편이다)보다 더 빨리 읽을 수 있으며, 함께 읽은 것에 관해 대단히 활발한 토론을 할 수 있기 때문이다.

읽기 기능에서 더 발달한 것이 쓰기 기능이다. 학생들에게 종이 위에 글로 자신을 표현할 수 있는 창의적인 기회를 제공하라. 당신은 일부 학생들의 독창적인 표현력에 매혹될 것이다.

그 외의 두 가지 기능, 듣기와 말하기 중에서는 듣기가 더 어렵고 훌륭한 기술이며 더 결정적인 기능이다. 그럼에도 불구하고 우리는 학생들에게 듣는 법을 좀처럼 가르치지 않으며, 더욱이 그들을 위하여 듣기의 본을 보여 주지 않는다.

일반 기업의 중역들은 자기 시간의 70%를 듣는 데 소비한다. 그러나 그들은 이에 대한 훈련을 거의 또는 전혀 받지 않았다. 어느 대학이든가 보라. 말하기 과목을 개설하지 않은 곳은 찾아볼 수 없을 것이다. 그러나 그중 어느 학교도 듣기 과목을 수강하라고 강요하지 않는다.

나는 수년 동안 "말하기"를 가르쳐 왔다. 그래서 말하기를 가르치는 것은 비교적 쉬운 일이라고 단언한다. 그러나 학생들에게 듣기를 가르치려고 해보라!

신학교에서 우리는 설교학-설교 준비와 설교 전달법-을 가르친다. 그리고 그 결과는 설교이다. 물론 설교는 전적으로 성경에 입각해야 한다. 그것을 벗어나서는 안 된다. 그것은 하기 싫으면 하지 않아도 되는 선택 사항이 아니기 때문이다. 그러나 아무도 듣지 않는다면 설교가 무슨 유익이 있겠는가?

훌륭한 교사는 훌륭한 경청자이다. 이런 말을 하는 사람이 많지 않겠지만 믿음으로 받아들이라.

말하기는 이상적으로는 부모들이 가정에서 일찍부터 시작해야 하는 훈련 영역이다. 나는 부모들에게 아이가 만 3-5살이 되면 혼자서 말하기 연습을 시킬 것을 제안한다. 그리고 병원이나 교도소나 그 외의 장소에 데리고 가서 그들의 믿음을 표현할 기회를 주기 바란다. 말하기는 말함으로써 배운다.

실패는 귀중한 출발점이다

실패는 학습 과정에서 반드시 필요한 부분이다.

우리는 아이가 넷이다. 그 아이들이 어떻게 걷는 법을 배웠는지 아는가? 어느 날 아이들이 놀이방에 있을 때였다. 그들은 누군가가 방을 가로질러 걷고 있는 것을 열심히 지켜보면서 "앗, 저 걸어 다니는 모습 좀 봐!"라며 혼잣말을 했다. 그러더니 "나도 이제 걷기 시작할 테야."라고 말하며 각기 일어섰다. 그 후 지금까지 걷기를 계속하고 있다.

물론 당신은 이 이야기를 믿지 않을 것이다. 당신은 어린애가 몸을 바로 가누고, 짚고 있던 손을 놓고, 몇 발자국을 어기적어기적 거리면서 걷다가 쓰러지는 것을 보았을 것이다. 그러나 그 아이는 다시 일어난다. 당신은 팔을 벌리고 "빌리, 이리 온!" 하고 말한다. 그러면 그 아이는 당신에게 오려고 움직인다. 그러나 다리가 몸보다 빨리 나가려고 해서 곧 마루에 나둥그러지고 만다.

그러면 그 아이가 "쳇! 난 절대로 걷지 못하게 돼 있나 봐." 하고 포기하겠는가? 아니다. 그는 다시 일어나서 걷고 쓰러지고 또 걷는다. 그리하여 걷기를 차츰차츰 익혀갈수록 쓰러지는 일은 점점 줄어들게 된다.

다음의 상황을 상상해보라. 제자들은 둘씩 보냄을 받았다. 그리고 전도 사역을 하는 동안 놀라운 일들을 경험했다. 그들은 예수님께 돌아와서 "주여, 귀신들도 우리에게 항복하더이다."라고 말했다.

그러나 어느 날 그들은 궁지에 몰리게 된다. 한 소년에게서 귀신을 쫓아내지 못했기 때문이다. 그 소년의 아버지는 몹시 화가 나서 예수님께 나아와 말한다. "저는 당신의 제자들에게 갔습니다. 그런데 그들은 고치지 못하더군요." 그리하여 예수님이 그 귀신을 쫓아내신다.

제자들은 예수님을 한쪽으로 모시고 가서 "주여, 어떻게 된 일입니까?"라고 묻는다.

예수님은 "내가 너희에게 이르노니, 오직 기도와 금식 외에는 이런 종류가 나갈 수 없느니라"고 말씀하신다. 자주 일어났던 제자들의 실패는 가장 귀중한 학습 경험 중의 하나였다.

지금까지 내가 가르친 뛰어난 학생들 가운데는, 현재 일류대학의 교수이며 전공 분야에서 세계 제일의 권위자가 된 사람이 있다. 그는 내 과목을 수강했을 때 멋지게 낙방했었다. 그러나 그는 오늘날까지 그것은 자신의 생애에서 가장 귀중한 학습 경험이었다고 말할 것이다.

특별한 예외들

교육은 과학인 동시에 기술이다. 과학으로서 교육은 기본 원리가 있다. 기술로서 교육은 그 원리의 예외들을 알고 있는 것이다.

학생이 스스로 배울 수 있거나 할 수 있는 것을 결코 말해 주거나 대신 해주지 않는다는 원리에는 예외가 있다. 이러한 예외들을 알면 실패를 어느 정도 면할 수 있다.

첫 번째 예외는, 시간을 아껴야 할 때이다. 바퀴를 재발명하는 데 시간을 낭비해서는 안 된다. 만일 우리가 있는 건물에 불이 났다면 우리가 해야 할 일에 대해 브레인스토밍을 할 시간이 없다. 즉시 누군가가 "여기가 비상구다!"라고 소리쳐야만 할 때이다. 동일한 이치가 훌륭한 가르침에도 적용된다.

두 번째 예외는, 특별히 격려와 도움을 필요로 하는 학생에 관한 것이다. 몇 가지 이유로 인해, 도전적인 학습 과정에 참가하고 있는 학생들은 당연히 실패를 경험하게 되어 있고, 포기할 가능성이 높다. 그래서 실패했을 경우 "나는 그것을 할 수 없어."라고 말하기가 쉽다.

전에 한번 텔레비전 인터뷰 시간에, 신학교에서 35년 동안 가르쳐 오면서 배운 것에 관하여 질문을 받은 적이 있었다. 나는 나의 제일가는 임무는 학생에게 "나는 자네를 믿네! 자네는 그것을 할 수 있을 걸세."라고 말하는 것임을 터득했노라고 대답했다. 오늘날의 신학생들-복음주의 공동체의 꽃으로 여겨지는 대표적인 사람들-은 흔히 열등감에 깊이 빠져 있다.

그러므로 당신은 가르칠 때에, "하나님이 저를 사용하실 수 있다고 생각지 않아요."라고 말하는 신학생들이나 혹은 "나는 변호사나 선교사가 되고 싶지만 내가 그 일에 필요한 자격을 갖추고 있다고는 생각지 않아요."라고 말하는 학생에게 절대 신중을 기하라. 말 한 마디로 그러한 사람의 영혼을 파괴시키기란 너무나 쉬운 일이기 때문이다.

세 번째 예외는, 학생들이 크게 동기 부여가 되어 있어서 가르치는 모든 것을 받아들이고도 여전히 더 원하는 경우이다. 그들은 너무 흥분되어 있고 관심이 너무 열렬해서 자신들을 거의 억제할 수가 없다. 나는 일전에 그리스도를 믿고 급작스럽게 변화된 전직 프로 선수 한 사람에게 신약성경을 준 적이 있다. 그 책을 주고 일주일 후에 다시 만났는데, 그는 나에게 "그 책을 읽었습니다."라고 말했다.

"대단합니다. 전부 다 읽을 때까지 계속 읽으십시오."

"아니오, 저는 그 책 뒤쪽에 있는 시편까지 포함해서 다 읽었습니다. 신약 말고 또 다른 것이 있다고 아는데요."

그래서 나는 그에게 신구약 합본성경을 주었다. 4주일 후에 그는 또한 구약성경 전부를 통독하였다(나는 평생 동안 성경을 한 번도 통독하지 못한 장로들을 알고 있다). 그러므로 학생이 배움에 굶주린 상태에 있을 때는 당신이 가르칠 수 있는 모든 것을 가르치라.

마지막으로 한 가지 경고를 하겠다. 비록 시간이 걸리더라도 일단 당신이 학생들에게 장애를 극복하고 발견과 배움의 참된 즐거움을 누리게 했다면 그들은 그보다 덜 흥미로운 교육에는 결코 만족하지 않을 것이다. 그들은 학습 과정에 깊이 참여하지 않으면 결코 만족하지 않을 것이다.

토의를 위한 질문

1. 당신은 어떤 유형의 교사에게 배우는 것이 가장 즐거운가? 그 이유는 무엇인가?

2. 마음속으로 당신이 가르치는 세 명의 학생을 뽑아서 그들의 개인차를 분석해보라. 그들이 생각하고 배우는 방법에 어떠한 차이가 있다고 생각하는가? 성경을 이해하는 것과 그리스도인으로서의 체험에 있어서 어떠한 차이가 있는가? 그들의 배경, 즉 가족 구성, 지역, 문화, 교육, 경제 수준 등에 관해서 알고 있는 주요한 차이점은 무엇인가? 그들의 현재 생활양식에 뚜렷이 나타나는 주요한 차이점은 무엇인가? (이 질문들은 모든 학생들에게 적용해 볼 수 있다)

3. 교사로서 당신의 가장 중요한 목표는 무엇인가?

4. 자신의 개인적인 성장에 도움을 준 실패의 경험을 이야기해보라.

활동의 원리
The Law of Activity

지식은 물질처럼 한 사람의 머리에서 다른 사람의 머리로 전달될 수 없다.
생각은 붙들고 조작할 수 있는 것이 아니기 때문이다.
사상은 다시 생각되어야 하고 경험은 다시 경험되어야 한다.

● 존 밀톤 그래고리

오늘날의 기독교 교육은 너무나 소극적이다. 이는 기독교와는 어울리지 않는다. 왜냐하면 기독교는 세상에서 가장 혁명적인 힘이기 때문이다. 기독교는 사람을 변화시킨다.

그럼에도 우리는 세상에서 가장 혁명적인 이 힘을 자주 붙들어 매고 있다. 일반적인 그리스도인의 태도는 "태초에 있었던 것처럼 현재에 있고 영원히 그대로 있으리라"는 찬양에서 잘 표현된다. 교회와 기독교는 종종 그들이 일으켜야 할 변화를 거부한다.

로마서 8장에서, 모든 신자는 예수 그리스도의 형상을 닮도록 예정되었다고 말씀하고 있다. 그 말씀이 옳다면 우리는 당연히 많은 변화를 기대해야 할 것이다.

최대의 참여는 최대의 학습이다

만일 가르치는 것이 단지 말하기뿐이라면 나의 아이들은 놀랄 만큼 총명할 것이다. 왜냐하면 나는 그 아이들이 알아야 할 것을 모두 말해 주었기 때문이다. 아마 대부분의 부모들도 그럴 것이다.

"내가 그걸 도대체 몇 번이나 말했어?"

아버지가 고함친다. 그러면 십대의 아들은 무심코 대답한다.

"모르겠는데요. 아빠. 세어 보지 않아서요."

그러나 가르치고 배우는(교수-학습) 과정은 그 이상의 것이다.

활동의 원리란 최대의 학습은 항상 최대의 참여에서 나온다는 것이다. 그것은 사실이다. 단, 한 가지 조건이 붙는다. 학습자가 관여하는 활동은 반드시 의미 있는 것이어야 한다. 이 조건은 교육에 관한 중요한 사실을 암시해 준다. 즉, 학습 활동은 그 자체가 목적이 아니다. 목표에 이르기 위한 수단이다. "우리는 학생들을 정말로 바쁘게 만들고 있습니다."

교사가 자랑스럽게 말한다.

"무엇을 하는데요?"라고 참관인이 묻는다.

"아무것도요. 그렇지만 그들은 유쾌하게 시간을 보내고 있지요."

당신의 목표를 절대 잊지 마라. 목표는 결과를 결정한다. 당신이 목표로 삼은 그것을 성취하라.

나는 25년 동안 존속해온 어느 단체의 이사직을 몇 년 동안 맡았던 적이 있다. 그러다가 문득 도대체 이 단체의 목적이 무엇인가 하는 생각이 들기 시작했다. 그리고 어느 날, 드디어 이사회에 그 질문을 할 기회가 찾아왔다.

"여러분, 이 단체의 목적이 무엇입니까?"

"헨드릭스, 참 좋은 질문입니다. 브라운, 당신은 우리 중에서 가장 오래 이 단체에 몸담아 오셨지요. 이 단체의 목적이 무엇이겠습니까?"

우리는 테이블에 둘러앉아 그 질문의 해답을 찾으려고 노력하였다. 그러나 한 사람도 분명하고 수긍이 갈 만한 대답을 제시할 수 없었다. 마침내 내가 말했다.

"제가 한 가지 제의를 해도 되겠습니까?"

"좋습니다. 제의는 언제나 받기로 되어 있습니다."

"저는 이 단체를 해체할 것을 제의합니다."

"하지만 헨드릭스, 우리는 이 단체를 25년 동안이나 이끌어 왔어요!"

"그러면 이 단체를 해체하지 못하는 가장 큰 이유는 역사가 25년이라는 것이로군요."

나는 이사회를 떠났다. 그러나 그들은 단체의 목적은 알 수 없지만 여전히 그 단체의 활동을 계속하고 있다.

목적이 있는 활동이란 질적인 활동을 의미한다. 다음 세 항목을 잠깐 생각해 보라. 가능하다면 각 항목을 어떻게 개선할 수 있는지 스스로 물어 보라.

1. 연습은 우리를 완전하게 만든다.
2. 경험은 가장 훌륭한 교사이다.
3. 우리는 행함으로 배운다.

첫 번째 항목은 사실인가? 아니다. 연습은 우리를 실제로 완전하게 만들어주지 않는다. 다만 영구적으로 만든다. 테니스나 골프를 치는 경우, 잘못된 방식으로 연습한다면 몇 년 동안 연습을 해도 실력이 향상되지 않을 수 있다. 당신에게는 자세, 라켓 쥐는 법, 손목을 사용하는 법 등에 대해 더 좋은 방법을 가르쳐 줄 코치가 필요하다. 그러면 실력이 향상될 것이다. 그러므로 다음과 같이 말하는 것이 더 옳을 것이다. 좋은 지도 하에 이루어지는 연습이 완전하게 만든다.

두 번째 항목은 어떠한가? 경험은 확실히 훌륭한 교사이다. 그러나 마약이 사람을 파멸시키는 것을 알기 위해 마약 중독자가 될 필요는 없다. 많은 사람이 중독 되어 있는데도 그 위험을 알지 못한다. 그러므로 다음과 같이 말하는 것이 의미를 더 잘 나타내는 것이다. 바르게 평가된 경험이 가장 훌륭한 교사이다.

세 번째 항목에 대하여 내가 확인한 바로는, 플라톤이 그 대답을 우리에게 말해 준 역사상 최초의 인물이다. 과연 우리는 행함으로 배운다. 그러나 나쁜 것을 배울 수도 있다. 그러므로 보다 바른 표현은 다음과 같다. 우리는 옳은 것을 행함으로 배운다. 우리는 때때로 나쁜 것을 행함으로 배우기도 한다. 그러나 그렇게 배운 것은 건설적이기보다는 오히려 파괴적이기 쉽다.

그러므로 배움과 행함 사이에는 직접적인 상관관계가 있다. 학습자의 참여도가 높아질수록 배울 가능성은 더 커진다. 가장 훌륭한 학습자는 참여자이다. 그들은 외부에서 그 학습 활동을 지켜볼 뿐만 아니라 그것에 깊이 몰두하고 철저히 관여한다. 그들은 또한 참여하지 않은 학습자들보다 활동을 더욱 즐긴다.

만일 당신이 성지에 관해서 더 배우기를 내가 원한다면 나는 3가지 방법을 제시하고 그중 한 가지를 선택하게 할 것이다.

첫째, 성지에 관한 강의이다. 이 안을 즉석에서 거절하지는 마라. 나는 이 분야에서 권위자이며 수년 동안 그것을 연구해 왔다. 그래서 당신에게 감명을 줄 역사적, 고고학적 자료를 갖고 있다.

둘째, 슬라이드 사진의 상영이다. 나는 아름다운 음악과 함께 마음을 사로잡는 사진들을 갖고 있다. 더욱이 그 슬라이드 영화는 지중해의 일몰 장면으로 끝난다.

셋째, 나와 함께 성지에 직접 가 보는 것이다.
나는 당신이 어느 것을 선택할지 알 수 있다.

행함으로 변화한다

활동의 원리는, 다음에 나오는 고대 중국의 격언뿐만 아니라 현대 교육심리학의 수많은 연구로써 확증되고 있다.

듣는다, 그러면 잊어버린다.
본다, 그러면 기억한다.
행한다, 그러면 이해한다.

이 격언에 한 가지를 덧붙이려고 한다. 행함의 결과는 이해하는 것 이상이다. 왜냐하면 변화도 따르기 때문이다.

심리학자들은 사람이 듣는 것의 10%까지 기억할 수 있다고 말한다. 그러나 그것은 "가능성"이고 실제가 아니다. 실제로 당신이 듣는 것의 10%를 기억한다면 당신은 천재에 속한다.

불행하게도 대부분의 기독교 교육은 듣기 위주로 되어 있다. 그래서 아주 비효율적일 때가 많다. 심리학자들은 만일 듣기에 보기를 덧붙이면 기억력이 50%까지 상승하게 된다고 말한다. 그래서 시각자료가 매우 중요한 것이다. 그리고 우리는 시각 위주의 사회에 살고 있다. 내가 신학교에서 가르치는 학생들은 보통 유치원에서 대학을 졸업할 때까지 교실에서 지내는 시간보다 텔레비전을 보는 데 더 많은 시간을 소비해 왔다. TV가 주는 약을 엄청나게 복용한 것이다. 이것은 치명적일 수 있다. 왜냐하면 자기도 모르는 사이에 심각하게 작용하고 골고루 퍼지기 때문이다. 그리고 보기와 듣기가 결합한 놀라운 효과로 인해 텔레비전을 계속해서 보는 사람은 자신이 보는 것에 서서히 세뇌 당하게 된다.

보기와 듣기에 행함을 더하면 어떨까? 심리학자들은 이 결합이 기억력을 90%까지 상승시킨다고 말한다. 그리고 나는 대학원에서 수십 년 동안 가르친 경험으로 그것이 정말로 사실임을 확신할 수 있었다.

나는 35년 동안 신학교에서 "스스로 성경을 연구하는 방법"을 강의하면서 한 번도 시험을 본 적이 없었다. 그것은 다른 교수들에게 큰 충격일 것이다. 시험을 치르지 않고 가르치는 것이 도대체 어떻게 가능할 수 있을까? 아주 쉬운 일이다. 그 비결은 학생들이 학습 과정에 능동적으로 참여하도록 지도하기만 하면 된다.

나는 일찍이 학생들이 교사의 요구대로 모든 것을 암기하여 시험을 치를 수 있다는 것을 알았다. 그 시험에 대해 당신은 학생들에게 "A" 학점을 줄 수 있을 것이다. 그러나 사흘 후에 똑같은 시험을 치르게 하면, 설사 그 결과에 그들의 인생이 달려 있다 할지라도 그들은 그 시험에 합격할 수 없을 것이다.

학생들을 학습 과정에 참여시키고 25년이 지난 후에 그들을 테스트한 적이 있었다. 그런데 그들은 그때까지도 여전히 훌륭하게 학습내용을 기억하고 있었으며, 내 강의 시간에 배운 바로 그 성경 연구 원리를 사용하고 있었다. 그들은 그것을 결코 외운 적이 없었다. 그들은 사용함으로써 배웠고 활동하는 과정을 통해 익혔던 것이다.

그 원리는 그리스도인의 삶의 다른 방면에서도 마찬가지로 적용된다. 예를 들면, 전도를 배우는 가장 좋은 방법은 직접 전도를 해보는 것이지 전도에 관한 책을 읽는 것만이 아니다. 혹시 복음 전도에 관한 책을 읽은 적이 있는가? 그런 책들은 언제나 다음과 같은 예들을 잔뜩 싣고 있다. 한 사나이가 비행기에 올라 자리에 앉는다. 그리고 15분 후에는 그 옆에 앉아 있는 남자가 그리스도에게로 돌아온다. 30분이 지나자 그 남자와 같은 줄에 앉아 있는 사람들이 거듭나게 된다. 또 1시간이 지나자 그 비행기의 승무원들이 그리스도를 영접한다. 그들이 비행기에서 내릴 때에는 비행기에 타고 있는 전원이 구원을 받게 된다.

보통 사람들은 이 책을 읽으면 '으음, 이렇게 해봐야겠군.' 하고 생각할 것이다. 그리하여 그 책에 적혀 있는 대로 정확하게 하려고 애를 쓴다. 그러나 여지없이 실패하고 만다. 그는 자신의 소굴로 기어들어 가면서 "아마 나는 전도의 은사를 못 받았나 봐."라고 말한다. 아니다. 전도를 배우려면 단순히 그것을 해보면 된다. 과정에 참여하라. 그것이 배우는 최선의 방법이다.

성경에서 진리와 생명은 항상 결합되어 있다. 나는 바울이 디도서 1:1에서 그 사실을 표현한 "경건함에 속한 진리"라는 말을 좋아한다. 예수님은 "귀 있는 자는 들을지어다"라고 말씀하셨다. 맨 처음 이 말씀을 읽었을 때 나는 "주님, 지금 농담하시는 겁니까? 그러면 주님은 귀를 가지고 다른 일을 하십니까? 귀를 후비라고요? 귀걸이를 달라고요?"라고 생각했다. 그러나 예수님은 그 이상의 것을 생각하고 계셨다.

신약성경에서 들으라는 말을 읽을 때 당신은 행하라는 말도 읽을 수 있다. 주님께서는 이 두 단어들을 묶어서 사용하시기 때문이다.

"내 말을 듣고 행하는 그가 나를 사랑하는 자니라 …… 너희는 나를 불러 주여 주여 하면서도 어찌하여 내가 말하는 것을 행하지 아니하느냐"

그러면 그분이 의도하시는 것은 무엇인가? 나에게 "주"라고 부르는 것을 중단하든지, 내가 너희에게 요구하는 것을 행하라는 것이다.

기독교 교육에서 가장 중요한 것은 지식이 아니라 능동적인 순종이다. 나는 주님과 끊임없이 토론을 한다. 늘 내가 하나님의 말씀을 얼마나 많이 알고 있는가 하는 것으로 그분을 감격시키려고 애를 쓴다. 그러나 이상하게도 그분은 결코 감격하지 않으신다. 왜 그러실까? 내가 알고 있는 모든 것은 그분이 나에게 계시 하신 결과이다. 그분은 내가 예수 그리스도와 얼마나 닮지 않았는가를 끊임없이 일깨워 주신다. 영적인 면에서 무지의 반대는 지식이 아니라 순종이다. 신약성경의 이해로는, 알고 행하지 않는 것은 전혀 모르는 것이다.

주님께서 "헨드릭스, 네가 이것을 아느냐?"고 물으신다.

"네, 주님, 압니다."

그러면 주님은 이렇게 말씀하신다.

"좋다, 그다음 행동은 너의 책임이다."

의미 있는 활동

활동의 원리를 다시 살펴보자. 최대의 학습은 항상 최대의 참여에서 나온다. 우리는 이 원리가 한 가지 조건하에 참된 것이라고 했다. 즉 활동은 반드시 의미 있는 것이어야 한다. 그렇다면 어떤 활동이 의미 있는 활동인가?

나는 그 질문에 대해 다섯 가지의 답을 제시하고자 한다. 당신이 어떤 집단을 가르치고 있든지, 혹은 어떤 과목을 가르치고 있든지, 이 5가지 형태를 모두 사용할 수 있을 것이다.

1. 강압적 독재가 아닌, 지도를 제공하는 활동

학생이 학습에 참여하게 하기 위해 과제를 줄 때에는 언제나 어느 정도의 재량권을 주어야 한다. 왜냐하면 학생이 스스로 연구하여 해결한 결과를 원하기 때문이다.

나는 종종 학생들에게 어떤 성경 본문을 연구하여 그 구절에서 원리를 찾아내어 목록을 작성해 오는 것을 과제로 내준다. 그러면 "헨드릭스 교수님, 얼마나 해와야 합니까?"라는 반응이 나타난다.

"모르겠네. 얼마나 해오겠나?"

"하지만 교수님께서……."

"자네는 학생이네. 그리고 교육 비용을 지불하는 사람은 내가 아니라 자네라네."

이 말은 주변의 모든 학생들에게 충격을 준다.

일반적으로 내가 이러한 유형의 학생을 변화시키려면 2년 내지 3년이 걸린다. 왜냐하면 그는 교사가 원하는 것을 찾아내는 것이 가장 중요한 교육 제도 가운데서 자라왔기 때문이다. 그래서 그에게는 자신이 받은 교육 방식을 버리겠다는 생각이 결코 떠오르지 않는다. 그런 학생은 엉뚱한 사람을 위해, 즉 자신을 위해서가 아니라 교사를 위해 공부하고 있다.

그러므로 학습자에 대한 궁극적인 질문은 "학생이 무엇을 원하는가?"이지 "교사가 무엇을 원하는가?"가 아니다. 교육은 개개인 학습자로부터 시작되어야 한다. 교사가 주입해서는 안 된다. 교사는 그것을 이끌어 내야 한다. 사실 "이끌어 내다 to draw out"라는 말은 "교육 education"이라는 단어의 어원이다.

나는 신학생들에게 흥미진진하고 신나는 과목인 캠핑을 가르쳐 왔다. 우리는 교실에서 캠핑의 이론을 고찰하는 것으로 시작해서 나중에는 브래저스 강으로 카누 여행을 하러 간다.

"학생 여러분, 명심하십시오."

교실에서 내가 그들에게 설명한다.

"카누 타기에 있어서 기본 원리는 카누에 물건을 붙들어 매야 한다는 것입니다. 여러분의 모든 소지품을 카누에 붙들어 매야 카누가 회전할 때 떨어지지 않습니다. 알아들었습니까?"

"네, 교수님. 여기 노트에 적혀 있어요."

"여러분이 그것을 노트에 적어 놓았다니 참 기쁘군요. 좋습니다. 그렇지만 내가 알고자 하는 것은 여러분이 꼭 붙들어 맬 것인가 하는 것이요. 여러분은 흠뻑 젖은 침낭에서 자는 것이 어떨지 알고 있지요?"

"네, 교수님. 알고 있습니다."

우리는 강으로 가서 10대의 카누를 띄웠다. 믿을지 모르겠으나 우리가 카누를 띄운 지 3분도 못 되어서 4대의 카누가 중심을 잃고 쩔쩔매게 되었고, 그 중에서 3대는 소지품을 물에 빠뜨리고 말았다. 그래서 침낭이 젖은 학생들은 아주 괴로운 밤을 보내었다. 그리고 다음날 아침, 우리 모두는 일어나 아침을 준비했다. 나는 조를 나누어 조별로 식단을 짜라고 말했다.

"어떤 요리를 해도 좋습니다. 무슨 요리를 하든지 어떻게든 다 먹어치울 것이기 때문에 별 차이가 없습니다. 하지만 무슨 요리를 하기로 했든 간에 필요한 도구들을 잘 챙기시기 바랍니다."

밤새도록 잠을 설친 그 친구들은 이제 팬케이크 아침식사 계획을 상세하게 짰다. 그런데 그들은 팬케이크를 뒤집을 뒤집개를 깜박 잊고 안 가져 왔다. 게다가 불이 충분히 뜨겁지가 않았다. 팬케이크는 설익어서 찐득찐득해졌다.

찐득찐득한 팬케이크를 뒤집으려고 나무 꼬챙이를 사용하는 것을 본 적이 있는가? 케이크의 대부분은 불 속에 떨어지고 결국 그 나머지도 불 속에 팽개쳐 버리게 되었다.

나는 그 친구들 중에서 다시는 팬케이크 재료로 뒤집개를 빼고 캠핑 가는 사람은 아무도 없을 것이라고 장담한다. 이와 같이 독재가 아닌 지도를 제공하라. 그들 스스로 알아서 하게 하라. 그렇게 해서 배우는 것은 엄청나다.

2. 기능과 적용을 강조하는 활동

학습자가 방금 배운 것을 바로 활용하게 하는 활동이다. 이것은 한 번에 소화하여 활용할 수 있는 분량 이상을 가르치지 않는 것이 가장 좋다는 뜻을 암시하고 있다.

우리가 늘 사용하는 것이, 내가 "창고 저장식 교육Storage Tank Education"이라고 칭하는 것이다. 학생들은 "나에게서 이 모든 지식을 얻어야 하며,

그것을 지금 전부 얻어야만 한다."고 생각하기 때문이다. 그래서 우리는 그것을 열심히 머리 속에 쏟아 붓는다.

예수님도 그렇게 하셨는가? 그분이 제자들에게 "여보게들, 나는 단 3년 동안만 자네들과 함께 있으려고 하네. 그러니 지금 이 말을 잘 적어두게."라고 말씀하신 경우가 있는지 생각해보라. 물론 생각해낼 수 없을 것이다. 진리이신 예수님은 결코 그렇게 말씀하시지 않았기 때문이다.

실제로 그분은 제자들에게 "내가 아직도 너희에게 이를 것이 많으나 지금은 너희가 감당하지 못하리라 그러나 진리의 성령이 오시면 그가 너희를 모든 진리 가운데로 인도하시리니"(요 16:12-13)라 하셨다.

3. 계획된 목적을 가진 활동

앞에서 말했듯이 목적은 결과를 결정한다. 우리는 목적으로 삼은 것을 성취하게 된다.

다음 내용에 유의하기 바란다. "시간을 때우기 위한 활동"은 생각하지도 마라. 의미 있는 목표가 없는 활동에 학생을 끌어들이지 마라. 시간을 때우기 위한 활동보다 더 화나게 하는 것은 없다. 솔직하게 말하면, 대부분의 주일학교의 교재들은 벽난로의 불쏘시개로 사용하는 것이 더 유익하다고 본다.

만일 당신이 어떤 "요구"가 있는 반을 가르치고 있다면, 이렇게 자문해보라. 나의 목표는 무엇인가? 책을 읽거나 연구 조사를 하거나 보고서를 씀으로써 성취할 것은 무엇인가? 더 많이 글을 쓰고 책을 읽으면 더 나은 교육이 되는가? 아니면 우리는 늘 해왔기 때문에 하는 것인가? 학문이라는 이름으로 이루어지는 것들 중 많은 것들이 무의미한 것들이다.

시간 때우기와 동일한 부류에 속하는 것이 단순한 오락이다. 어느 학생이 연구 보고서에서 쓴 것이다.

"교회는 언제쯤 오락을 하지 않게 될 것인가? 나는 오락을 위해 교회에 다니지 않는다. 만일 내가 그것을 원한다면 차라리 번화가에 재미있는 쇼를 보러 갈 것이다."

나는 근처에 있는 교회의 고등부 프로그램에 깊은 감명을 받았다. 그 프로그램은 학생들에게 시종일관 도전을 주었다. 그 학생들은 단순히 오락만을 하지 않으며 결코 아이 취급을 당하지 않는다. 그들은 매년 강한 훈련을 받으러 멕시코로 여행을 간다. 여기에 참여할 사람은 누구나 스페인어를 배워야 하며, 그 외에도 여러 가지 요구들이 아이들을 힘든 상황으로 몰아 간다. 그러나 아이들은 그것을 기뻐한다. 그들은 25인승 버스에 모두 비좁게 타야했지만, 지난해에도 87명의 아이들이 이 여행을 가겠다고 등록하였다.

4. 결과뿐만 아니라 과정에도 관심을 두는 활동

그리하여 학생은 자신이 "무엇을" 믿는가를 알 뿐만 아니라 "왜" 믿는가도 알게 된다.

만일 학생에게 결과만 제시한다면-교사인 우리가 특히 잘 빠지는 오류이다-당신은 자신의 한계로 그들을 제한하는 것이다. 그러나 그들에게 과정을 제시한다면, 무제한의 길을 그들에게 열어 주는 것이다. 사실 그들은 당신을 능가할 수 있고 당신보다 더 유능하게 될 수 있다.

내가 신학교에서 그렇게 오랫동안 가르친 이유는, 나의 학생들 중 상당히 많은 수가 졸업하고 나서 내가 지금까지 할 수 있었던 것보다 훨씬 큰일을 하는 것을 보는 성취감 때문이다. 그들의 삶을 세워 주고, 다음에 그들이 그것을 발판으로 나보다 훨씬 큰일을 하는 것을 보는 것이 진정한 성취이다.

일단의 기독교 청소년 단체에서 의뢰하여 조사해 온 바에 의하면 가치, 도덕, 행동 면에서 그리스도인 청소년들과 비그리스도인 청소년들이 놀랄 정도로 비슷하다고 한다. 단 한 가지 주요한 차이는 말뿐이었다. 거짓말을 하거나, 남을 속이거나, 도둑질을 하거나, 누군가와 잠자리를 같이 하겠냐는 등의 질문을 받으면, 그리스도인 청소년들은 "아니오."라고 대답하는 반면에 비그리스도인 청소년들은 "물론, 만일 그것이 나에게 이익이 된다면."이라고 말한다. 그러나 실제 행동 면에서는 본질적으로 아무런 차이가 없다.

그것은 몇 번을 조사해 보아도 마찬가지이다. 이런 조사 결과가 함축하고 있는 뜻을 깊이 숙고해보라. 우리는 잘못된 일을 받아들이고 있다. 우리는 말로 만족하려 한다. 그리스도인 청소년들은 요단강을 건너기 위해서는 "쉽볼렛"이 아닌 "십볼렛"(삿 12:6)이라고 말해야 하는 것을 알고 있다. 그러나 실제 경험에서는 자신이 말한 그대로 따르지 않는다.

5. 문제 해결 상황을 포함하는 실제적 활동

학생은 누구의 문제에 대한 답을 찾고 있는가? 당신의 문제인가? 아니다. 그들 자신의 문제이다. 만일 우리 자신의 문제를 학생들이 해결하도록 교실로 가져온다면, 그 해답도 그들의 것이 될 수 없고, 우리는 거짓 신앙을 만들어낼 위험이 있다.

우리는 자주 사람들이 갖고 있는 진정한 문제를 파악하지 못한다. "그들은 어디에 있는가? 무엇을 고민하고 있는가? 어떤 유혹을 당하고 있는가?"를 찾아내라.

늘어나는 교인들은 지금 도덕적으로 타락하고 있다. 그러나 그것에 관해 얼마나 말하고 있는가? 또 얼마나 가르치고 있는가?

우리는 성경의 인물들을 다룰 때 우리와 동떨어진 사람들로 가르친 적이 얼마나 많은가? 그들은 우리와 동일한 문제와 감정을 갖지 않은 비현실적인 그리스도인들이다.

그러므로 살아 움직이는 활동을 하게 하라. 그들의 마음 문을 열게 하는 놀라운 방법, "열려라 참깨"와 같은 문을 찾아내라. 그러나 억지로 꾸며내지는 마라. 나는 여러 번 교사가 "자, 여러분, 무엇을 원하시나요? 평안과 만족과 이상 실현과 성공이 있는 인생을 위한 하나님의 뜻을 원하십니까, 그렇지 않으면 불행과 가난과 허무가 따르는 여러분 자신의 뜻을 택하렵니까?"라고 말하는 것을 들었다. 우리 중 상당수는 오히려 죄가 큰 즐거움을 줄 수 있다는 사실을 깨닫지 못하고 있는 것 같다.

계속 하라

앞에서 학습은 과정이라고 말했다. 학생에게 한 가지 경험을 하게 한 다음 "그럼, 알겠지. 잘 기억해둬. 이제 다음은 또 어떤 것을 가르쳐 주지?"라고 말하지 마라.

복음서에는 예수님과 제자들이 5천 명을 먹이신 유명한 이야기가 등장한다(막 6:35-44). 그들은 떡 다섯 개와 물고기 두 마리로 시작한다. 예수님은 그것으로 여자와 아이 외에 5천 명이나 되는 굶주린 군중들을 배불리 먹이실 수 있었다. 그리고 모든 사람들이 다 배불리 먹고 난 후 열두 광주리나 거두었다. 예수님과 제자들이 시작할 때 가졌던 것보다 더 많은 음식물을 거두어들인 것이다. 그야말로 놀라운 기적이다.

그러나 조금 더 나아가면 "제자들이 그 떡 떼시던 일을 깨닫지 못하였다"는 말씀을 읽게 된다(막 6:52).

그다음에는 4천 명을 먹이시는 일이 일어난다(막 8:1-9). 떡 일곱 개와 작은 생선 두어 마리로 시작하기는 하지만 역시 같은 줄거리이다. 모든 사람이 배불리 먹고 남은 것은 일곱 광주리이다. 그러자 예수님께서 그들에게 말씀하신다.

"아직도 깨닫지 못하느냐?"

물 위를 걸으신 사건(마 14:25-33)도 생각해 보라. 어부들이 물 위에 있다. 그런데 유령 같은 것이 보인다. 그들은 몹시 겁이 났다. 그러자 예수님께서 그들에게 말씀하신다.

"나니 두려워하지 마라."

베드로가 특유의 어투로 말한다.

"주여, 만일 주님이시거든 나를 명하사 물 위로 오라 하소서."

예수님께서 말씀하신다.

"오라."

베드로가 그 배 밖으로 나가는 것은 아마도 그에게는 가장 어려운 일들 중 하나였을 것이다. 그러나 그는 그 일을 하였다. 빌립과 안드레는 배에서 "야! 베드로가 물 위로 걸어간다!"라고 했을 것이다.

그때 빌립이 고함을 지른다.

"파도 조심해, 베드로!" 베드로는 파도를 보고 긴장한다. 그래서 물 속으로 빠져 들어간다. 그때 그는 성경에 나타난 가장 간결하고 아름다운 기도를 드린다. "주여, 나를 구원하소서." 그 기도에서 단 한 마디라도 빼 버리면 중요한 의미가 바뀐다. 그가 만일 당신이 흔히 듣는 기도 모임(그곳에서 한 사람이 부족한 기도 생활을 만회하고 있다. 그는 또 은하계를 돌아다니고, 선교지를 시찰하고, 자신의 신학을 검토한다)에서 하는 기도를 했었다면 무슨 일이 일어났을지 상상할 수 있는가? 그 기도가 끝날 때쯤 베드로는 아마 바다 속 깊이 내려가 있었을 것이다.

이제 묻겠다. 당신은 베드로가 어떻게 그 배로 되돌아갔다고 생각하는가? 예수님이 그를 데려다 주셨다고 생각하는가? 아니다. 그는 걸어서 돌아갔다. 그러나 나는 그가 구주에게서 결코 눈을 떼지 않았으리라는 것을 장담할 수 있다. 그것이 학습이다.

나는 자주 어떤 사람이 베드로가 빠졌던 물 위의 함정과 같은 것에 빠져 들어가는 것과, 그러고 난 다음에 그 사람이 "하나님을 믿는" 사람이 되어서 나타나는 것을 보아 왔다. 그들은 그제야 스스로 할 수 없음을 깨달았다. 주님께서는 그들의 전문 분야에서의 실패를 통하여 그 사실을 증명하셨다.

가장 위대한 교사이신 구세주의 삶을 연구해 보면, 주님은 신학 지식으로 제자들의 머리를 가득 채우지 않으셨음을 분명히 알게 된다. 그렇다. 주님은 나중에 이방 세계가 "천하를 어지럽게 하던 사람들"(행 17:6)이라고 증거 하지 않을 수 없도록 제자들을 인도하셨다. 그것은 오늘날의 기독교 교육에 도전을 준다.

토의를 위한 질문

1. 당신의 학생들은 학습 과정에 얼마나 참여하는가? 그들이 어떤 학습 과정에 가장 많이 참여하는 것 같은가? 왜 그러하다고 생각하는가? 또 어떤 학습 과정에 가장 덜 참여하는 것 같은가? 왜 그러하다고 생각하는가?

2. 마음속으로 당신의 반에서 세 사람의 학생을 뽑으라. 그리고 그들이 가장 즐겁게 하리라고 생각되는 활동의 종류-실내 활동이든 야외 활동이든 어느 것이든-를 적어 보라. 이것은 "학습 과정이 어떻게 하면 학생들에게 더 효과적이고 더 즐거울 수 있을 것인가"에 대해 어떤 단서를 주는가?

3. 효과적인 학습을 방해하는 활동에는 어떤 것들이 있겠는가?

전달의 원리
The Law of Communication

교사의 임무는 공감과 본과 영향을 줄 수 있는 모든 수단을 사용하고
감각기관을 위한 실물들과 지성을 위한 사건들을 이용하여
학생들의 머리를 일깨우고 생각을 자극하는 것이다.
가장 위대한 교사께서는 "씨앗은 말씀이요." 라 하셨다.
참된 교사는 땅을 일구어 씨앗을 뿌린다.

● 존 밀톤 그레고리

말콤 마거리지는 전달(커뮤니케이션 또는 의사 전달)에 관한 거의 모든 책들이 공통적으로 가지고 있는 놀라운 특징이, "이상할 정도로 전달에 무능력하다는 것"이라 지적하였다.

전달은 쉽게 할 수 있는 일이 아니다. 만일 당신이 이 어려움을 인정한다면, 더욱 현명하게 기도할 것이며 더 열심히 연구하고 노력할 것이며, 하나님을 더욱 깊이 신뢰하는 법을 배우게 될 것이다.

시카고에 있는 어느 회사는 200만 달러의 순이익을 낸 후 겨우 1년 만에 파산하였다. 그 이유는 그들이 무슨 일을 하고 있는지 제대로 몰랐기 때문이다. 그들은 자신들이 모발 보호 사업이 아니라 머리핀 장사를 하고 있다고 생각하였다. 그래서 여성들에게 머리핀 유행이 끝나자마자 곧 그 회사는 망하고 말았다.

그러므로 우리가 무슨 일을 하고 있는 가-전달이라는 일-를 잊어서는 안 된다. 전달은 교사인 우리의 존재 이유이다. 그것은 또한 가르치는 일에 있어서 가장 중요한 문제이다.

다리 놓기

"전달communication"이라는 단어는 라틴어 "communis"에서 파생된 것으로, "공통의common"라는 뜻을 가진다. 무언가를 전달하기에 앞서 우리는 일반성과 공통성을 확립해야만 한다. 그리고 공통성이 크면 클수록 전달의 가능성은 점점 더 커진다.

마이크를 예로 들어보자. 마이크와 그의 아내 베스는 행복한 결혼 생활을 하고 있으며, 아들 둘과 딸 둘을 두고 있다. 마이크는 교회에서 성인 반을 가르친다. 그런데 그 반에는 메리와 같은 사람이 여럿 있다.

메리는 이혼을 하고 혼자서 두 아들을 키우고 있다. 교사로서 마이크의 첫 번째 과제는, 메리를 비롯하여 그와 같은 처지에 있는 사람들의 삶에 침투하는 것이다. 그러나 메리의 생활 환경을 자신이나 베스의 환경과 동일하게 여길 수 없다.

그러므로 마이크와 베스는 메리와의 공통점을 개발하기 위해 시간을 들이고, 나아가 그녀의 문제를 찾아내야 한다. 그들은 메리와 두 아들을 초대하여 뒤뜰에서 바베큐 파티를 하며 대화를 나눈다. 나중에 그들은 메리에게 교향곡 연주회에 함께 가자고 제의하며, 그다음에는 남자들끼리 뭉쳐 낚시를 간다.

그 과정에서 마이크와 베스는 메리와의 공통점을 만든다. 그래서 마이크는 주일 아침에 메리와 대화를 나눌 자격을 얻는다. 그는 메리에게 듣는 자의 자격을 획득한 것이다.

성경에서 이와 같은 예는 요한복음 4장에서 찾아볼 수 있다. 바로 예수님과 사마리아 여인의 이야기이다. 그들의 공통점을 주목해보라. 두 사람 다 목이 말랐다.

"내게 물을 좀 줄 수 있습니까?"

예수께서 부탁하신다. 그리고 그녀는 깜짝 놀란다.

"당신은 유대인이신데 어찌하여 사마리아 여자인 내게 물을 달라 하

십니까?"(요 4:9 참조)

예수님이 먼저 다가가셔서 주도적으로 대화를 시작하시며, 아무것도 전제하지 않으신다. 그리고 그분은 전달을 위한 기초를 마련하기 위하여 모든 장벽-인종적, 종교적, 성적, 사회적, 도덕적-을 무너뜨리기 시작하신다.

당신도 그렇게 해야 한다. 우리가 해야 할 일이 그것이다. 그것이 다리 놓기의 과정이다. 전달의 원리는 바로 그 과정을 요구한다. 정확하게 정보를 전달하기 위해서는 다리 놓기가 필요하다.

수년 전에 나는 숙모를 전도 집회에 모시고 갔다. 숙모에게 복음을 듣게 한 것이 그때가 처음이었다. 설교가 끝날 때쯤 그 전도자가 "모두 일어나시기 바랍니다."라고 말해서 우리는 일어났다. 그 다음에 그는 이렇게 말했다.

"이제 그리스도인만 모두 앉으시기 바랍니다."

그때 본 숙모의 얼굴을 잊지 못한다. 숙모는 눈에 노기를 띠었고 입가는 노여움과 당황함으로 부르르 떨고 있었다.

내가 숙모에게 다시 복음을 듣게 하는 데는 3년이 걸렸다. 그것도 내가 설교를 하기로 되어 있기 때문이었다. 숙모는 내게 이렇게 말했다.

"너는 절대로 그 전도사처럼 내게 속임수를 쓰지는 말아다오."

우리는 듣는 사람들이 어떻게 느끼는가를 과제로 연구해야 한다. 그들은 교회에 나오기를 두려워하는 사람들이다. 나는 그들을 충분히 이해한다.

생각 – 감정 – 행동

이 복잡한 전달 과정을 보다 이해하기 쉬운 형태로 제시하고자 한다. 그러나 전달 과정에 정통해서 그것을 당신의 소유로 만들기 위해서는 다음의 내용을 연구해야 한다. 아마 단번에 되지는 않을 것이다.

모든 전달은 지·정·의, 즉 생각, 감정, 행동의 세 가지 필수적인 구성 요소를 갖는다. 그러므로 내가 다른 사람에게 전달하려고 하는 것이 무엇이든 간에 거기에는 다음과 같은 것이 포함되어 있다.

내가 아는 것
내가 느끼는 것
내가 하고 있는 것

만일 내가 어떤 사실을 철저히 알고 깊이 느끼고 거기에 모순 없이 행동하고 있다면, 뛰어난 전달자가 될 수 있는 잠재력을 많이 갖고 있는 것이다. 실제로 내가 그 생각을 더욱 철저히 알고 더 깊이 느끼고 거기에 더욱 모순 없이 행하면 행할수록 전달자로서 나의 잠재력은 더욱더 커진다.

그런데 세 가지 요소가 모두 반드시 있어야만 한다.

나는 상품이 아니라 생각을, 물품이 아니라 사상을 팔고 있는 것 외에는 세일즈맨과 같다. 그것을 팔기 위해서 나는 그 내용을 알아야 하며, 그것이 가치 있는 것임을 깊이 확신해야 하며, 개인적으로 사용해야 한다. 그리고 그것이 언제나 나에게 효과가 있어야 한다. 이것이 전달의 출발점이다.

　성경의 권위와 영감을 믿는 그리스도인으로서, 우리는 계시에 의해 주어진 일단의 진리, 즉 세상에 전달되어야 하는 진리를 가지고 있다. 그러므로 우리는 메시지를 가공할 필요가 없다. 오로지 그것을 선포하기만 하면 된다. 이 사실은 우리에게 가장 귀중한 자산이다. 그럼에도 불구하고 그것은 또한 복음적인 단체에서 특별한 문제가 되기 쉽다.

　왜 그러한가? 우리 대부분은 지적인 요소만으로 메시지를 전달하는 데 만족하기 때문이다. 그래서 우리는 문자에만 너무 많이 의지한다. 사람들에게 옳은 것을 가르쳐 주기만 하면, 자동적으로 그들의 문제가 해결될 것이라고 확신한다. 정서적인 면과 의지적인 면으로, 즉 감정과 행동이라는 요소로 의사 전달을 하는 데 너무 약하다. 왜냐하면 그것에 대해 위협을 느끼기 때문이다.

　예를 들어, 내가 감정을 언급하면 당신은 약간 날카로워질 수도 있다. 당신은 내가 이성보다 감정을 중시하는 주정주의에 관해 이야기하고 있다고 생각하기 때문이다. 통제를 벗어난 감정은 당연히 두려워해야 한다. 통제를 벗어난 것은 무엇이든 다 위험하다. 그러나 통제된 감정은 대단히 중요하다.

　가장 효과적인 전달에는 언제나 감정적 요소인 느낌과 흥분이 포함되어 있다. 만일 내가 영원한 진리인 하나님의 말씀을 신뢰한다고 말한다면, 그것이 나의 가치관에, 내가 소중히 여기는 것에, 내가 시간과 돈을 투자하는 것에, 내가 흥분하는 것에 반영되어야만 한다.

　과연 당신은 어떤 것에 흥분하는가?

　우리 이웃 사람 하나는 보트 닦는 일에 여가 시간을 다 들인다. 옆을

지나갈 때마다 그는 "여보게, 하워드. 와서 내 보트 좀 보게!"라고 말하곤 하였다. 어느 날은 왁스를 38번이나 칠했노라고 했다. 그의 마음은 바로 그곳에 있었다. 그에게서 그 보트를 치워 버리는 것은 허무한 인생의 고통을 덜어 주는 마취제를 빼앗아 버리는 것이었다.

당신은 어떠한가? 당신은 무엇으로 기분을 전환하는가? 가르치는 데서 그것을 찾는가?

만일 기독교 교육을 하는 모든 사람들이 생계유지를 위해 세일즈맨이 되어야 한다면, 대부분은 굶어 죽을 것이다. 우리는 세상에서 가장 신나는 진리, 영원한 진리를 가르치면서 마치 다 식어빠진 감자요리를 다루듯 하고 있다.

어떤 친구가 세상에서 가장 중요한 일이라며 이야기하는데도, 그것이 하나도 중요하지 않은 것처럼 들리는 때가 있다. 당신은 그가 분명히 속으로는 진심으로 그렇게 생각하지 않는다는 것을 확실히 알고 있다. 그래서 "만약 지금 말하는 이 일이 그에게 진짜 신나는 일이라면, 그가 지루하다고 할 때는 아예 만나지도 말아야겠다."라고 생각한다.

그러나 자신이 전하는 메시지를 진정으로 믿고 마음속으로 감동을 느낀다면 겉으로 나타날 것이다. 예를 들면, 당신은 제스처를 사용하게 될 것이다. 연설에 관한 모든 책에는 의미 있는 동작에 대한 자료가 제시되어 있다. 그러나 "당신 자신이 전하고 있는 메시지에 진정으로 감동했을 때" 자연스럽고 편안하게 사용할 제스처보다 더 훌륭한 것을 가르칠 수 있는 사람은 없다. 감동 없는 제스처를 하는 것은 어색한 연기가 될 뿐이다. 당신이 하려고 하는 것은 모두 어떤 행동을 가장하는 것이고, 사람들은 그것을 정확하게 꿰뚫어 볼 것이다.

또한 당신이 자신의 메시지에 참으로 감동한다면, 이따금씩 미소를 짓기도 할 것이다. 당신은 그 감동으로 인한 즐거움을 맛보지 못할 만큼 인생이 짧지 않다는 것을 알고 있다. 어떤 이들은 천국에 가면 하나님께서 "네가 그 즐거움을 더 맛보지 못한 것이 유감이다. 나는 인생을 결코 그렇게 모진 것으로 계획하지 않았다."라고 말씀하실지도 모른다. 불행한 일이다. 어느 곳에 가더라도 우울한 그리스도인이 있다. 그의 얼굴은 마치 예레미야애가의 표지처럼 보인다.

"안녕하세요?"라고 인사하면,

"이런 형편에서는 꽤 잘 있는 편이죠."라고 그는 대답한다.

그러면 그는 도대체 그런 형편에서 무얼 하고 있는 것일까?

진리는 우리를 신나게 하지 못할 뿐만 아니라 너무나 자주 우리의 행위를 변화시키지 못했다. 고린도후서 5장 17절에서 우리는 누구든지 그리스도 안에 있으면 새로운 피조물이라는 말씀을 읽는다. 그리고 이것이 성장의 시작임을 이해한다. 예를 들어, 과연 예수 그리스도는 나의 가정을 어떻게 변화시키시는가? 지금의 나는 이전보다 더 좋은 아버지이고 더 좋은 남편인가? 아니면 전과 똑같이 미움받는 사람인가? 만일 기독교가 내 가정에서 역사하지 않는다면, 아무런 소용이 없는 것이다.

사업은 어떠한가? 한 남자가 나에게 그리스도인 사업가라고 말하면서 사기를 친다. 그래서 나는 그 일을 그리스도인의 윤리로 어떻게 해명할 것인가를 묻는다. 그러면 그가 대답한다.

"헨드릭스, 이해를 못하시는군요. 우리는 로마에 있다고요. 로마에서는 로마의 법을 따르라고 했잖아요!"

"그래요? 다른 구절을 보여 주겠습니다. 그리스도인으로 로마에 있을 때에는 로마 사람이 하는 대로 하지 마라."

"그 구절을 어디서 알아내셨죠?"

그는 아직도 그 구절을 찾고 있다.

당신의 됨됨이가 당신의 말이나 행동보다 훨씬 더 중요하다. 하나님의 방법은 언제나 성육신적인 것이다. 그분은 자신의 진리를 취하여 그것을 어떤 인격으로 감싸 두기를 좋아하신다. 그분은 깨끗한 사람을 택하셔서 부패한 사회의 한복판에 떨어뜨리신다. 그러면 그가 알고, 느끼고, 행하는 것으로 인해 하나님의 은혜를 설득력 있게 나타내 보인다.

여러 해 전에 내가 처음 텍사스로 이사 왔을 때, "말을 물가로 데리고 갈 수는 있지만, 물을 먹일 수는 없다."라는 속담을 인용한 적이 있다. 그러자 키가 큰 서부 텍사스인 한 명이 반박하였다.

"여보게 젊은이, 틀렸소. 그 말에게 소금을 먹이면 되네."

그렇다. 학생들이 너무 갈급하여 더 이상 기다릴 수 없게 만든 적이 있는가? 그래서 그들이 하나님의 말씀을 스스로 마시기 위해 당신의 가르침보다 빨리 나아간 적이 있는가?

그러므로 당신은 가르칠 때마다 "나는 무엇을 알고 있는가? 나는 이 학생들이 무엇을 알기 원하는가? 나는 무엇을 느끼는가? 그리고 나는 그들이 무엇을 느끼기 원하는가? 나는 무엇을 하고 있는가? 그리고 나는 그들이 무엇을 하기를 원하는가?"라고 스스로 질문해 보라.

적절한 사례로 황금률 가르치기가 있다. 학생들이 마음속으로 "이제부터 황금률을 실천해야지. 이제 그것을 알았으니, 자동적으로 그에 따라 살 수 있다."라고 결심하게 하는 것은 중요한 것이 아니다.

황금률이란 무엇을 의미하는가? "남에게 대접을 받고자 하는 대로 남을 대접하는 것"에는 실제로 어떤 의미가 함축되어 있는가? 학생들이 다음의 질문과 함께 숙고하게 하라.

- 우리 또래 집단의 사고방식에서, 우리의 경험에서, 우리의 문화에서 그것은 어떻게 보이는가?
- 우리는 그것을 어떻게 느끼는가? 그것을 편안하게 수용하는가? 그것은 혁명적인 것인가?
- 우리는 황금률에 따라 살기를 요구하는 전형적인 상황에서 어떻게 반응하는가? 우리의 일반적인 반응은 어떠한가? 왜 우리가 현재와 같은 방식으로 살고 있는지, 그리고 달리 살 수 있는 방법은 없는지 감정적인 면에서 생각해 보자.
- 마지막으로, 우리가 이것을 적용할 수 있는 구체적인 방법을 찾아내는 재미있는 작업을 해보자. 그리고 이것을 실행하기 위해 한 가지 목표를 정하자. 그래서 우리가 다시 모이면 그 동안 일어났던 일을 서로 나누기로 하자.

말로 전달하는 방법

나는 마음속에 어떤 것을 간직하고 있고, 그것을 깊이 느끼며, 그것이 나의 행동을 완전히 지배하고 있다. 그래서 그것을 당신과 함께 나누고자 한다.

다음 단계는 그 생각-감정-행동을 취하여 말로 옮기는 것이다.

말은 기호이다. 우리는 그러한 기호를 택해서 특별한 순서(구문론, 문법)로 체계적으로 배열한다. 이와 같이 우리는 전달의 수단으로 언어를 사용한다. 그러나 거기에만 의존할 수 없다. 기호 그 자체, 즉 말 그 자체가 우리가 전달하려고 하는 것이 아니다. 우리가 전달하려고 하는 것은 말의 메시지가 아니라 생명의 메시지이다. 우리는 생명에 관한 일을 하고 있지 말에 관한 사업을 하고 있는 것이 아니다. 불신자들은 우리의 말에는 싫증이 났지만 진실에는 매우 굶주려 있다. 그래서 우리가 진실을 가지고 있다는 것을 감지하면 우리 앞에 줄을 선다.

그러나 말은 나름대로의 중요한 역할이 있다. 나는 종종 입술로 이루는 것이 더 중요한가, 삶으로 이루는 것이 더 중요한가라는 질문을 받는다. 그러면 나는 이렇게 되묻는다.

"비행기를 타 보신 적이 있습니까?"

"물론이죠, 왜 그걸 물으시나요?"

"그렇다면 당신에게는 오른쪽 날개와 왼쪽 날개 중에서 어느 것이 더 중요합니까?"

만일 삶을 통한 증거만으로 충분하다면, 예수님의 지상 사역 동안에 그분을 접했던 모든 사람이 회심했어야만 할 것이다. 왜냐하면 그분은 역사 속에서 완전한 삶을 살았던 유일한 분이시기 때문이다. 그러나 그분은 말로 메시지를 전하는 일도 하셨다.

이와 같이 전달은 언어적(주로 말하기와 쓰기)인 동시에 비언어적(행동과 몸짓)이다. 그런데 이 두 가지는 일치되어야 한다. 즉 당신이 말하는 것과 사람들이 보는 것이 일치해야만 한다. 예수 그리스도는 자신의 말씀과 모순 되는 행동을 결코 하시지 않았다. 그분은 행동과 말씀이 언제나 완전히 일치하였다.

　나는 교사로서, "나는 학생들에게 진정으로 관심을 갖고 있다. 정말 나는 학생들을 사랑한다."고 말할 수 있다. 그러나 만일 내가 항상 수업 준비를 거의 해오지 않으며, 수업시간 외에 학생들과 대화를 나누는 시간이 전혀 없다면, 그렇게 훌륭하게 들리던 나의 언어적 메시지는 비언어적 메시지 때문에 소용없어지고 말 것이다.

　말이 나왔으니 말인데, 조사에 의하면 말은 상대방에게 전달되는 것의 겨우 7%만을 차지한다고 한다. 만일 당신이 여기서도 재잘재잘, 저기서도 재잘재잘, 어디에서나 재잘거리는 수다쟁이라면 이 사실을 받아들이기가 힘들 것이다.

　가르친다는 것은 내용과 전달, 사실과 형식, 무엇을 가르치느냐와 어떻게 가르치느냐의 사이에 존재하는 미묘한 균형과 관계를 포함한다.

　당신이 가르치는 방법은 메시지의 본질과 일치하는가? 아무 내용이 없는 것을 멋지게 말하고 싶지 않을 것이다. 반면에, 예수 그리스도의 헤아릴 수 없는 부요한 메시지에 누더기 옷을 입힌다는 것은 얼마나 비극인가!

전달을 완전하게 하는 방법

　다음의 과정을 재검토하자. 우리는 생각과 감정과 행동을 취하여 말로 옮긴 다음에 말하기(그것은 "준비와 표현"을 필요로 한다)를 통하여 전달한다.

1. 준비

전달한 것에 대한 최대의 결과를 보장받을 수 있는 방편이다. 준비하는 동안 당신은 메시지에 형식과 특징을 부여한다. 그리고 메시지에는 구성이 필요하다. 즉 메시지의 내용을 정리해야 한다. 메시지의 내용을 정리하는 능력은 전달에 있어서 산만한 내용에 통일성을 부여하며, 부정확하고 불충실한 표현을 정확하고 충실한 표현으로 다듬는 것이다.

가슴 설레게 하는 도입–청중을 사로잡는 것–을 할 필요가 있다. 그것은 질문, 인용, 문제 제기, 그들의 삶에서 직접 부딪힐 수 있는 어떤 것일 수 있다. 그러나 단순하게 그들이 흥미 있어 할 것이라 생각하지 마라.

만일 내가 이렇게 시작한다고 해보자.

"오늘은 한 가지 예화를 들겠습니다. 이것은 매우 중요한 예화입니다. 사실 이것은 저에게 참 의미 있는 것입니다. 어느 날 구약성경을 읽고 있었는데, 책장이 막 넘어가면서 말씀이 내 마음을 사로잡았습니다. 그래서……."

여기까지 내가 말한 것은 무엇인가? 말하려고 하는 내용이 아무것도 없다. 다음과 같이 시작하면 훨씬 더 좋을 것이다.

"엘리사는 도단에 살고 있었습니다. 어느 날 아침 일찍 그는 잠에서 깨어나 평소처럼 '도단 신문'을 가지러 밖으로 나갔습니다. 그런데 그때 무시무시한 광경을 보았습니다."

이미 당신은 이야기의 핵심에 이르렀다. 그리고 학생들은 당신에게 집중해 있다.

그런데 흥미를 유발하는 도입을 하라는 이 충고는, 당신이 나머지 시간 동안 말하려고 하는 내용과 방법을 알고 있음을 전제로 한다. 내 생각으로는, 지금까지 들어온 거의 모든 메시지가 적어도 4분의 1까지는 길이를 줄일 수 있는 것이었다. 만일 설교자가 자신이 전하고자 하는 것을 잘 말하는 법을 알고 있다면, 대부분의 경우 그 이상으로 줄일 수도 있을 것이다.

또한 결론을 지어야 한다. 이 부분은 대부분의 설교자들이 가장 적게 준비하는 부분이다. 어떤 설교자는 설교를 끝낼 무렵, "마지막으로 …… 그리고 끝으로 …… 덧붙여 …… 하나님께서 이 진리의 말씀으로 여러분 심령에 복 주시길 ……" 등의 말로 빙글빙글 돌린다. 이것은 "이 설교를 어떻게 끝내야 할지 모르겠다."는 의미로 들린다.

메시지의 도입과 결론 사이에는 예화가 필요하다(실제 눈으로 볼 수 있는 보조 자료 또한 필요하다. 적절한 때는 언제라도 삽입해야 한다). 이것은 빛이 들어오게 하는 창문과 같다. 이를 통해 청중들은 "아하, 이제야 알겠군!" 하게 된다. 다른 곳에서 예화를 끌어들이지 마라. 당신이 가르치고 있는 사람의 생활에서 직접 끌어내기 바란다. 그들이 있는 곳에서 말하라. 그러기 위해서는 그들의 머리 속과 마음속에 지금 무엇이 있는지 알아야 한다.

평신도를 훈련시킬 때 나는 곧잘 함께 아침이나 점심을 먹으러 가서, 간단한 질문을 한다.

"요즘 고민하는 문제가 무엇입니까? 일터에서 닥치는 문제는 무엇입니까?"

나는 말없이 듣기만 한다. 적을 수 있으면 적어 둔다. 그 상대방이 바로 나의 스승이다.

훌륭한 전달자는 "감각기관이 민감한 사람"임을 결코 잊지 마라. 그래서 나는 평신도-사업가, 주부, 목수, 배관공, 의사, 변호사, 프로 축구 선수 등-곧 진리를 배운 후에 그것을 자신의 말로, 자신들이 편한 방법으로 표현하는 사람들과 함께 일하는 것을 좋아한다. 그들은 진리를 자신의 개인 소유로 만든다. 메시지가 그들 자신의 언어로 옮겨진다. 그들의 메시지는 교사들의 메시지와 다르다.

이와 같이 전달의 기준은 교사인 당신이 말하는 것이 아니라 학생이 말하는 것이며, 당신이 생각하는 것이 아니라 학생이 생각하는 것이며, 당신이 느끼는 것이 아니라 학생이 느끼는 것이며, 당신이 행동하는 것이 아니라 학생이 행동하는 것이다.

2. 표현

여러 가지 중에서 특히 발음-당신이 말하고 있는 것을 상대방이 정확하게 이해하도록 분명하게 말하는 것-과 연관이 있다.

나는 미국 동북부 지방에서 자랐다. 그 지방에서는 발음의 세 가지 필수조건인 입술, 치아, 혀를 소홀히 여기는 경향이 있다. 휘튼대학에 다닐 때 나는 음악 개인지도를 받았는데 그 교수는 늘 애매하게 지시했다. 그래서 나는 종종 "이 여자, 문제가 있군." 하고 생각하였다. 그러다가 그 이유를 깨닫게 되었다. 그녀는 내가 그녀에게 말하는 투로 나에게 말했던 것이다. 그래서 나는 정확하게 발음하기 시작하였다. 대학 동급생들이 "하워드, 우리는 처음으로 네 말을 알아듣기 시작했어."라고 말하였다.

또 하나의 요소는 말소리의 크기이다. 만일 당신이 인원수가 많은 학급을 맡고 있다면, 항상 뒷줄에 보청기를 사용하는 친구가 있고, 마이크 장치가 고장이 났다고 상상하라. 이것은 특히 수업을 시작할 때 그렇다. 그렇다고 고함을 지르라는 말은 아니다. 물론 가끔씩 어떤 사람들은 좀 그러기를 바랄 때도 있다. 그것으로 그들이 말하는 것에 대해 관심을 가지고 있음을 알 수 있다. 또한 강조하기 위해서 목소리를 낮추고 매우 작게 이야기하기 원할 때도 더러 있을 것이다.

또 하나의 핵심은, 말하는 음성의 높이-한 가지 음색으로만 말하지 마라-와 빠르기를 변화시키라는 것이다. 감동을 전하고자 할 때는 어조를 높여서 빠르게 말하라. 그리고 중요한 점을 강조하고자 할 때는 어조를 낮추어 천천히 말하라.

주의 산만

만일 내 방식대로 한다면, 가르치는 법을 배우려고 하는 모든 사람들에게 맨 먼저 유치부 아이들을 가르치도록 할 것이다. 그것은 분명히 일반 교양교육이다. 당신은

1. 기도의 목적
2. 기도의 능력
3. 기도의 열매

라는 개요를 염두에 두고 시작하게 된다. 당신은 그들에게 감명을 주기 위하여 "유코마이 euchomai, 프로슈코마이 proseu- chomai, 에로타오 ero-tao--"

와 같이 '나는 기도한다'라는 뜻의 단어들-와 같은 헬라어를 한두 마디씩 곁들인다. 그런데 갑자기 조그만 새 한 마리가 날아와서 창문 밖의 난간에 앉는다. 쨱쨱! 학생 전원이 벌떡 일어난다. 그러고는 더 가까이에서 보려고 당신을 제쳐놓고 창가로 우르르 몰려간다.

어른들도 그렇게 한다. 물론 그들은 실제로 일어나서 우르르 몰려가지는 않는다. 자기 자리에 예의바르게 앉아서 고개를 끄덕인다. 그러나 고개를 끄덕이지 않아야 할 때도 끄덕인다. 실제로 그들의 마음은 멀리 콩밭에 가 있을 때가 많다. 이와 같이 주의 산만은 항상 원인이 있다.

주의 산만은 두 가지 형태로 나타나곤 한다. 어떤 사람은 말소리가 들리는 곳에 있으면서도 말을 듣지 못한다. 지난밤에 스트레스 때문에 잠을 설친 부인, 아내가 암으로 죽어가고 있는 남자, 금주에 회사로부터 그가 없어도 된다는 통고를 받은 두 대학생의 아버지, 교회로 오는 도중 내내 말다툼을 하다가 예배당에 들어오면서 그리스도인의 표정을 지었으나 마음속으로는 다음 라운드를 벼르고 있는 부부 등.

이들은 모두 조용히 앉아 있다. 그러나 당신은 대부분의 경우에 그것을 이해하는 것 외에는 아무 일도 할 수 없다.

또 한 가지 주의산만은 방안 온도와 같이 당신이 항상 조절할 수 있는 것이다. 온도 같은 것은 매우 뜨겁거나 매우 차지 않으면 아무도 의식하지 못한다. 또는 방안의 배치와 같은 것이다. 그러므로 일찍 와서 좌석의 배치를 바꾸도록 해보라. 그 일은 몇몇 성도들을 당황스럽게 할 수도 있다. 어쩌면 그들은 "우리는 잘못된 방향으로 가고 있다. 그는 자유주의자가 되어 가고 있다!"라고 생각할지도 모른다. 그러나 그 외의 다른 사람에게는 "오늘은 무언가 특별한 일, 신나는 일이 이루어지려는가 보다."라는 생각이 들게 할 것이다.

시각자료를 제대로 사용하는 것은 어떠한가? 주일학교 교사가 순서대로 배열되어 있지 않은 도형을 뒤죽박죽 사용하는 것을 바라보고 있으려면 지루하기 짝이 없다. 그는 "오늘은 아브라함의 이야기를 배우겠어요."라고 말한다. 그런데 아브라함이 어디 있지? 그는 아브라함을 찾아내기 위해 또다시 고고학적인 탐사를 계속한다. 이어서 그는 칠판이 비뚤게 놓인 상태에서 여호수아 이야기를 한다. 그러다 거의 이야기의 절정에 도달해서 칠판이 뚝 떨어져 버린다. 아이들은 큰소리로 웃고 떠들어댄다. 그러면 그 교사는 "이 형편없는 아이들!" 하고 생각한다. 그러나 아니다. 그들은 믿음이 없는 것이 아니다. 오히려 믿음이 깊은 편이다. 왜냐하면 그들은 하나님처럼 유머 감각이 있기 때문이다. 그들은 웃기를 좋아한다.

때로는 큰 집회에서 강의하고 있을 때, 안내원 한 사람이 강단 위에 있는 누군가에게 전할 말이 있어서 옆쪽 통로를 조용히 내려가는 것을 모든 사람이 쳐다볼 수도 있다. 그런 일이 나에게 일어나면 어떻게 할 것 같은가? 나는 하던 말을 멈추고 이렇게 말할 것이다.

"신사 숙녀 여러분, 한 남자 분이 옆쪽 통로로 내려오고 있습니다. 그 분을 주의 깊게 봐 주십시오. 지금 한 형제에게 쪽지 하나를 건네주고 있습니다. 지금은 그 형제가 다시 그에게 몇 마디를 속삭이고 있습니다. 이제 강단에서 멀어져 가고 있군요. 아까 왔던 통로로 다시 돌아가고 있습니다."

그리고 나서 나는 아까 설교에서 중단한 지점으로 다시 돌아갈 것이다. 이와 같이 주의를 산만하게 만드는 여러 경우를 최대한 제거하라.

피드백

이는 전달 과정의 마지막 단계이다. 이 단계를 빠뜨리지 마라. 그렇지 않으면 모든 것을 잃게 된다. 반드시 피드백을 받으라. 교사로서 나는 학습자가 무엇을 알고 있으며, 어떻게 느끼며, 무엇을 하고 있는지 알기를 원한다.

교사는 학생이 배우고 있는 것을 교사에게 이야기하게 해야 한다. 그러기 위해 그들에게 질문을 할 수 있다. 어떤 형태든 첫번째 질문은 "알겠는가?"라는 것이다. 그런데 만일 "아니오, 전혀 모르겠는데요."라고 대답하면 다시 출발점으로 되돌아가야 한다.

만일 우리 교회에서 교인들이 설교자가 전달하려고 하는 것을 이해하지 못할 때 솔직하게 일어나서 "잠깐만요. 목사님이 말씀하시는 것에 대한 개념이 서질 않는군요."라고 말한다면 얼마나 좋을까? 그러면 졸던 사람들이 정신을 차리게 될 것이다!

또한 그들에게 "어떻게 하면 이것을 내 생활에 실천할 수 있을까?"에 대해 글로 쓰도록 요구함으로써 피드백을 확보할 수 있다.

혹은 "질문이 있는가?"라고 물어도 좋다. 그러면 내가 그들에게 알고 느끼고 행하기를 원한 것을 그들이 이해할 수 있는 방법으로 설명했는지 보여주는 질문을 할 것이다. 이를 통해 전달에 있어서 어떤 결함이 있는지 알 수 있다.

신학교에 있을 때 학기말이 되면 소수의 학생들을 모아 놓고 "이 과목에서 고쳐야 할 점은 무엇인가? 어떤 점이 좋았는가? 어떤 점이 싫었는가? 의미를 알 수 없었던 것은 무엇이었나? 내가 듣기 좋아하는 말을 하지 말고 내가 들어야만 하는 말을 해달라."고 요청하곤 했다. 그러면 그들은 나에게 자신들의 생각을 이야기한다.

서부 연안에 있는 어느 교회에서 주일 저녁예배 설교를 한 적이 있었는데, 교회는 문 앞까지 사람들로 꽉 들어차 있었다. 내가 안으로 들어가기 전에 그 교회의 목사가 "헨드릭스 박사님, 알려 드려야 할 것이 있는데 잊고 있었군요. 일단 안에 들어가시면 왼쪽에 앉아 있는 사람들에게 유의하십시오. 오늘밤 그 자리에 배관공 한 명, 의사 한 명, 가정주부 한 명, 고등학생 한 명, 그리고 휴가차 집에 돌아와 있는 선교사 한 명이 앉아 있을 겁니다. 박사님이 강연을 마치고 나면 그들은 질문으로 박사님을 귀찮게 해드릴 것입니다. 괜찮으시죠?"라고 했다. 나는 그들이 아주 분명하게 말을 해둔다고 생각했다.

그리고 나는 그날 밤만큼 날카로운 질문들을 받아 본 적이 없었다. 그들은 그곳에 나온 청중들의 가장 깊은 요구를 반영하는 질문을 함으로써 나의 강의에 나타난 결함을 여지없이 공격하였다. 그리하여 내가 말한 것을 그들의 필요에 비추어 확인하는 토론이 이루어졌다.

만일 당신이 그와 같은 피드백에 기꺼이 귀를 기울인다면 교사로서 당신은 틀림없이 진보할 것이다.

피드백은 맨 처음 시작했던 지점으로 되돌아가게 한다. 즉 생각-감정-행동이 말로 옮겨지는 과정이 다시 반복된다. 그러나 이 때의 생각-감정-행동과 말은 "교사의" 생각-감정-행동과 말이 아니라 학습자의 것이다.

학습자들은 단지 당신이 말한 것을 정확하게 흉내 내는 앵무새가 아니다. 오히려 당신이 이해했던 것처럼 이해한다. 당신이 느꼈던 것처럼 느낀다. 그리고 당신과 마찬가지로 진리가 그들의 행동에 의미 있게 영향을 끼치도록 한다.

토의를 위한 질문

1. 교사는 학습자 개인과 일대일로 어떠한 종류의 전달 "다리"를 놓아야 한다고 생각하는가? 또 학급 전체와는 어떤 "다리"를 놓아야 하겠는가?

2. 당신이 가르치는 방식의 특성을 어떻게 평가하는가? 당신의 음성은 맑고 충분히 강한가? 문장은 완전하며 논리적인 사고로써 알아듣기 쉽게 표현하는가? 전달에 방해가 될 수 있는 어떤 버릇을 갖고 있지는 않은가?

3. 당신의 학급에서나 다른 모임에서, 당신이 열정을 느끼는 목표나 비전을 전달하는 최선의 방법은 무엇이라고 생각하는가?

마음의
원리 The Law of the Heart

교사가 가르치는 내용이 분명한 사실로 가득하다면
어떻게 교사의 자세가 진지하고 감동적이지 않을 수 있겠는가?

● 존 밀톤 그레고리

    이번에 이야기할 원리는 마음의 원리인데, 마음의 성경적 의미를 이해한다면 당신도 이에 공감하게 될 것이다.

    마음은 변덕스러운 단어 중 하나로 감상적인 성질을 지니고 있다. 오늘날 우리는 그 단어를 부정확하게 사용하는 경향이 있다. 그러나 구약성경의 저자들은 결코 그렇지 않았다.

    신명기 6장 4-6절은 마음이라는 단어에 대한 성경적인 배경을 밝혀 준다.

> "이스라엘아 들으라 우리 하나님 여호와는 오직 유일한 여호와이시니
> 너는 마음을 다하고 뜻을 다하고 힘을 다하여
> 네 하나님 여호와를 사랑하라
> 오늘 내가 네게 명하는 이 말씀을 너는 마음에 새기고"

    히브리어에서 마음은 인간의 전인격, 즉 지·정·의를 다 포함한다. 그러므로 가르침의 과정은, 하나님의 초자연적인 은혜로 전인격이 변화된 사람이 동일한 은혜로 다른 사람의 인격을 변화시키기 위해 손을 뻗치는 것이다. 얼마나 놀라운 특권인가!

    단지 머리만 움직이게 하는 것은 가장 단순한 일이다. 마음을 움직이는 것은 훨씬 더 어려운 일이다. 그러나 그것은 매우 유익한 일이다. 실제로 그것은 삶을 변화시키는 방법이다.

인격 – 동정 – 내용

소크라테스는 전달의 본질을, 에토스Ethos(정신), 파토스Pathos(정념), 로고스Logos(이성)라는 세 가지 매혹적인 개념으로 요약하였다.

에토스는 인격을 포함한다. 파토스는 동정을 포함한다(여기서 동정이란 남의 경우를 이해하여 그 사람과 같은 느낌을 갖는 것을 말한다). 로고스는 내용을 포함한다.

소크라테스가 생각한 에토스는 교사의 신뢰성, 즉 교사의 자격을 확립하는 것을 의미하였다. 그는 당신의 됨됨이가 당신의 말이나 행동보다 훨씬 더 중요하다고 생각하였다. 왜냐하면 됨됨이가 말이나 행동을 결정하기 때문이다. 한 인격으로서 당신의 됨됨이는 화자話者로서, 설득자로서, 전달자로서 당신의 목적을 달성하는 가장 훌륭한 수단이다. 당신은 당신에게서 배우려고 하는 사람들에게 매력적인 존재가 되어야 한다. 그들이 당신을 신뢰해야 하기 때문이다. 그리고 그들이 당신을 신뢰하면 할수록 당신은 그들에게 더욱더 잘 전할 수 있게 된다.

파토스(정념) 혹은 동정은 교사가 어떻게 청중들에게 열정을 일으키고, 그들의 감정을 다루느냐 하는 것과 관계된다. 소크라테스는 감정은 반드시 행동과 동일한 방향으로 나아가야 한다는 것을 알았다. 이것이 동기 부여의 비밀이다. 왜냐하면 하나님은 우리를 감정적인 존재, 즉 느끼는 존재로 창조하셨기 때문이다.

또한 소크라테스는 전달자와 교사들이 내용을 필요로 한다는 것을 알고 있었다. 그는 그것을 요한복음 1장에서 예수 그리스도에 대해 사용한 것과 동일한 헬라어 단어인 로고스(이성)라고 불렀다.

> "태초에 말씀the logos이 계시니라 …… 말씀the logos이 육신이 되어 우리 가운데 거하시매 우리가 그 영광을 보니 아버지의 독생자의 영광이요 은혜와 진리가 충만하더라(요 1:1, 14)"

하나님께서는 우리와 의사소통을 하시고자 할 때 자신의 메시지를 인격에 담으셨다. 바로 그것이 우리가 해야 하는 것이다.

그러므로 로고스의 개념은 당신이 증명할 것을 분명히 정리하는 것을 포함한다. 그것은 지성과 관계하면서 이해를 가능하게 해주는 것이다. 그리고 그것은 당신이 학생들에게 원하는 행위의 이유를 제공하여 학생들로 하여금 그 행위가 얼마나 논리적이고 타당한가를 알게 해준다.

물론 교사는 인격과 동정, 내용이 없어도 가르칠 수 있다. 그러나 그러한 가르침이 학습자에게 주는 결과를 생각해 보자.

첫째로, 교사의 인격은 학습자의 신뢰의 근거가 된다. 당신의 삶의 질을 볼 때, 학습자는 당신이 교사로서 자기에게 도움이 될 중요한 것을 갖추고 있음을 알게 된다. 그는 당신을 신뢰할 수 있다. 왜냐하면 그는 당신이 거짓말을 하지 않으리라는 것을 알기 때문이다.

이 신뢰라는 요소, 즉 당신에 대한 신임은 전달에 있어서 당신에게 가장 유리한 요소이다. 신뢰를 잃게 되는 일을 결코 하지 마라. 그것은 회복하기가 매우 힘들다.

효과적인 전달의 기본 요소는 모두 내부로부터 나오는 것임을 이해하기 바란다. 주기적으로 자신에게 "나는 어떤 사람인가?"라고 물어보라.

두 번째로, 교사의 동정은 학습자의 동기를 유발시키는 요소이다. 만일 내가 당신의 사랑을 깨닫게 된다면, 나는 당신이 원하는 일은 무엇이든지 열심히 할 것이다.

제자들은 왜 예수님을 따랐는가? 그 이유는 간단하다. 그분께서 제자들을 사랑하셨기 때문이다. 복음서는 예수께서 "무리를 보시고 불쌍히 여기셨다"(마 9:36)고 말씀하고 있다. 남녀노소 누구나 자기를 사랑하는 사람에게 끌리기 마련이다.

사람들이 당신에게 어떤 반응을 보이는가? 당신을 당황하게 만드는가? 당신에게 도전하는가? 당신은 사람들을 좋아하는가? 혹은 그들이 당신을 위협하는가?

셋째로, 당신이 가르치는 내용을 학습자가 알게 된다. 교사인 당신이 경험한 것을 이제는 학습자인 내가 경험한다. 그리하여 나는 그것을 이해하고 실감하게 된다. 그것은 나의 것, 곧 나의 삶 속에 녹아 들어간다.

가장 훌륭한 전달자, 곧 가장 위대한 교사는 단순히 눈에 보이는 것들이 훌륭함을 말하는 것은 아니다. 그는 위대한 마음을 지녀야 한다. 그는 전인격으로 전달하고, 청중들의 전인격에게 전달해야 한다.

가르치고 배우는 과정

가르치는 것과 배우는 것이 참으로 무엇인가에 관해 잠시 생각해보자. 가르침이란 원인을 제공하는 것이다. 무슨 원인을 제공하는가? 사람들에게 배우고자 하는 마음이 생기도록 원인을 제공하는 것이다. 내가 아는 한 그것이 가장 간단한 정의다. 가르치는 것과 배우는 것 사이에는 매우 본질적인 관계가 있다. 그것은 교수-학습 과정이다. 하이픈(-)

으로 연결되어 있음을 주목하라. 이 두 단어를 분리해서 생각할 수는 없다. 학습자가 배우고 있지 않다면 교사가 가르치지 않은 것이다.

"가르치는 것은 당신이 하는 일이고 배우는 것은 당신의 학생들이 하는 일이다."라는 말에 유의하기 바란다. 영어에서는 그 차이가 잘 나타난다. 영어로 "I learned him."이라는 말은 결코 쓰지 않는다. 왜냐하면 그러한 표현은 불가능한 것이기 때문이다(learnd의 목적어로 인칭 대명사는 쓰지 않는다. 이 경우에는 "I learned English from him."이라고 해야 한다-역자 주). 학생이 배우는 일을 해야만 한다. 한편 교사가 할 수 있는 것은 가르치는 것뿐이다.

그러므로 가르침의 중심은 주로 교사의 행위에 있다. 그리고 배움의 중심은 주로 학생의 행위에 있다. 그러나 우리는 교사의 행위가 아니라 교사의 행위의 결과인 학생의 행위에 의해 교사의 가르침의 효과를 평가한다.

내가 알고 있는 배움의 가장 간단한 정의는 다음과 같다. 배우는 것은 변화하는 것이다. 본질적으로 배운다는 것은 학습자의 생각의 변화, 감정의 변화, 행동의 변화를 의미한다. 배운다는 것은 지, 정, 의에 변화가 일어나는 것을 의미한다.

누군가가 배웠다면 그 사람은 변화될 것이다. 로마서 8장 29절에서 바울은 이 사실을 염두에 두고 있다.

"하나님이 미리 아신 자들을 또한 그 아들의 형상을 본받게 하기 위하여 미리 정하셨으니"

당신의 성경에 본받게라는 단어에 밑줄을 긋기 바란다. 당신은 젤리 몇 개를 물에 넣어 잘 녹인 다음에 그 혼합물을 과자 틀에 쏟아 넣는다. 그다음에 그것을 냉동실에 넣어 둔다. 몇 시간이 지난 다음에 그것을 꺼내어 뒤집어서 접시에 담아 먹는다. 바울은 "너희는 예수 그리스도라는 틀 속에 쏟아 넣어지도록 예정되었다."라고 말한 것이다. 얼마나 혁신적인 변화를 요구하는가!

몇 장 더 넘어가, 로마서 12장 2절에서도 바울은 동일한 단어를 다시 사용하고 있다.

"너희는 이 세대를 본받지conform 말고"

필립스 역은 이 구절을 "너희를 둘러싸고 있는 세상이 너희를 자신의 틀 속에 밀어 넣지 못하게 하라"고 의역하였다. 이 구절들을 정리하면 하나님이 의도하신 목적을 알 수 있다. 즉, 당신은 예수 그리스도라는 틀 속에 쏟아 넣어지도록 예정되었다. 그러므로 세상이 당신을 그 틀 속에 밀어 넣지 못하게 하라. 왜냐하면 이 두 과정은 완전히 대립되기 때문이다.

그러면 세상이 우리를 자신의 틀 속에 밀어 넣으려는 것을 어떻게 막을 것인가? 바울은 "마음을 새롭게 함으로 변화를 받으라"(롬 12:2)고 대답한다. 그것은 변화에 의해서 가능하다. 그것도 큰 변화에 의해서다. 그것은 외부에서의 변화가 아니라 내부의 변화다. 곧 "마음을 새롭게 함으로 …… 하나님의 선하시고 기뻐하시고 온전하신 뜻이 무엇인지 분별하는" 것이다.

변화를 받으라. 근본적인 변화를 받으라. 우리는 하나님의 아들의 형상을 닮게 된다.

당신이 가르치는 반에 가서 학생들에게 제자도에 대한 도전을 하라. 누가복음 14장과 같은 본문을 택하라. 그러고 난 다음 "여러분은 자신의 삶을 변화시키기 원하십니까?"라고 물으라.

"당연히 원하지요."라는 대답이 나온다.

"그러면 버리십시오."

"버리라고요?"

누군가가 소리 지른다.

"선생님은 우리 인생이 단 한 번뿐이라는 것을 모르시나요? 그동안에 최대한 모든 즐거움을 실컷 맛보아야 합니다."

맥주 한 모금도 못하는 사람들의 생각이 그런 위험한 철학으로 가득 찰 수 있다는 것은 흥미로운 일이다. 세상의 생각을 대량 섭취하게 되면 우리는 세상의 틀 속으로 밀려들어가게 된다. 그러나 우리가 그러한 것에서 돌아서서, 살아 있는 하나님의 진리가 생각과 감정과 행동에 역사하게 할 때 변화의 길이 열리게 된다.

그럼에도 불구하고 우리는 너무도 자주 자신이 아는 것에 대한 책임을 깨닫지 못한다. 그리고 그 회로(생각, 감정, 행동)를 너무 많은 지식으로 충전시킨다. 그리하여 하나님이 그분을 우리에게 나타내시면 우리는 이에 대한 책임을 져야 한다는 것을 가르치지 못한다. 그것은 바로 당신의 책임이다.

이 책을 읽음으로 당신은 분명히 빚을 지게 될 것이다. 하나님께서는 당신이 알게 된 것으로 무슨 일을 하느냐에 대해 책임을 물으실 것이다.

학습을 시작하는 지점

모든 학습은 감정의 수준에서 시작한다.

사람은 자신이 받아들이고 싶은 것은 받아들이고 거절하고 싶은 것은 거절한다. 만일 그들의 자세가 긍정적이면 듣는 것을 받아들이기가 쉬울 것이다. 그러나 자세가 부정적이면 듣는 것을 귓전으로 흘려버릴 것이다.

만일 내가 당신에게 부정적인 감정을 갖고 있으면 나는 당신을 거부하기 때문에 당신이 하는 말을 받아들이지 않을 것이다. 그러나 만일 내가 당신을 좋아한다면, 그리고 당신이 나에게 관심을 가지고 있음을 안다면, 당신은 나에게 아무리 힘든 일이라도 시킬 수 있다. 그리고 나는 당신의 주님, 곧 당신을 지금의 모습으로 만드신 그분을 분명 좋아하게 될 것이다.

사람들은 당신이 관심을 갖고 있는 것을 알고 나서야 비로소 당신이 알고 있는 것에 관심을 갖는다.

당신이 가르치는 사람들은 어떠한가? 그들은 잘 받아들이는가? 그렇지 않으면 적대적인가? 그들이 당신에게 귀를 기울이고 있을 때, 어쩌면 "전에도 그런 이야기를 들은 적이 있어. 게다가 당신이 나를 속이고 있는 것이 아닌지 의심스러워."라고 생각하고 있을지도 모른다. 만일 그렇다면 당신은 자신을 위하여 그 일을 그만두어야 한다.

청중 앞에 섰을 때 그곳에 참석한 사람마다 손에 권총을 들고 있다고 생각하면 좋을 것이다. 당신의 임무는 그들이 권총을 버리도록 그들을 이해시키는 것이다. 그들과의 관계를 형성함으로써, 즉 친밀한 관계를 확립함으로써 그래야 한다. 그리하면 당신이 가르치고 있는 주제에 대해서 청중들이 부담 없이 당신과 의견을 교환할 수 있게 된다.

당신은 그 일을 마음으로 하기 바란다. 만일 어느 학생이 문 밖으로 나가려 할 때 그를 붙들어 한쪽으로 데리고 가서 "얘야, 나는 너와 한편이라는 걸 알아주길 바란다. 나는 너를 위해 기도하고 있어. 만일 네가 도움이 필요하다면 언제라도 나에게 전화를 해주렴. 그렇게 할 수 있겠니? 나는 너를 돕고 싶단다."라고 말했을 경우, 다음 주일에 그가 어떻게 변할지 상상해보라.

그는 당신이 어떤 사람인가를 결코 잊지 않을 것이다. 어떻게 아느냐고? 내가 바로 그런 아이였기 때문이다.

필라델피아에 있는 내가 자라난 교회로 돌아가면, 교인들은 나를 껴안고 "하워드, 우리는 당신이 자랑스럽습니다."라고 말할 것이다. 그러나 가끔 어떤 교인들은 "실은 당신은 전혀 도움이 안 되었어요."라고 말하는 것같이 느껴졌다. 그 사람들 중에서 지금까지 나를 7번가에서 온 꼬마 녀석 이외의 어떤 존재로 "알아주는" 사람은 많지 않았다. 그러나 나를 다른 존재로 알아준 몇 안 되는 교인들 때문에 얼마나 감사했는지! 아무튼 나에게 관심을 많이 가진 그 사람들이 "좋아, 하워드, 우리는 자네 편이네. 자네를 사랑하지. 우리는 자네를 위해 늘 기도한다네."라고 말하는 것 때문에 나는 날마다 하나님께 감사드린다.

당신이 중등부의 한 반을 가르치고 있는데, 그 반에 교회 오기를 아주 싫어하는 아이가 한 명 있다고 하자. 당신은 그의 태도를 모른 체할 수 없다. 그래서 당신은 "이봐, 필, 내일 방과 후에 우리 차나 같이 마실까?"라고 말을 붙인다. 다음날 당신은 그 아이와 함께 앉아서 이야기를 나눈다. 마침내 당신은 "네가 주일학교에 다녀야 한다는 것은 정말 귀찮은 일이야, 그렇지 않니?"라고 말한다.

"네, 그래요."

"사실 네 마음대로 할 수만 있다면 너는 교회에 절대로 나오지 않을 거야, 그렇지?"

"맞아요."

"나는 네가 교회에 다니는 것이 좋은 일이라는 것을 알기를 바란단다. 너를 알게 되어 대단히 기쁘다. 나와 주어서 고맙고. 믿기 어렵겠지만, 나도 한때는 십대였단다. 네가 전에 어떤 아이였든 상관없어. 어쨌든 나는 너를 사랑해."

그의 태도가 어떻게 변하는지 지켜보라. 그는 여전히 억지로 주일학교에 다니긴 하겠지만, 교사인 당신은 더 이상 문제의 일부가 아니다. 왜냐하면 두 사람은 같은 팀이 되었기 때문이다.

혹은 당신이 유치부를 가르치고 있는데, 어린 조안이 새 구두를 신고 온다고 가정해 보자. 만일 당신이 당장 그 구두를 칭찬해 주지 않는다면, 언제 그 구두 이야기를 듣게 될지 아는가? 당신이 성경이야기를 한창 하고 있는 도중이다. 당신은 곧 이야기의 절정에 도달하려 하고 있고, 모든 아이들의 눈동자는 쟁반같이 동그랗게 떠진 채 귀를 기울이고 있을 때, 갑자기 어린 조안이 벌떡 일어나서 소리를 지른다.

"선생님, 제 새 구두 보셨어요?"

그래서 조안이 걸어 들어올 때 당신은 "우와! 조안, 새 구두를 신었구나!"라고 말해야 한다. 그리고 이야기하는 동안에도 누군가 새 구두를 신고 온 것에 관해 "조안의 구두와 비슷하네!"라고 말해야 한다. 그때부터 조안은 당신 말이라면 무엇이든지 따를 것이다.

사실을 망각하지 마라

내용이 중요하지 않다는 말이 아니다. 때때로 나는 이런 이야기를 듣는다.

"아시다시피 헨드릭스, 실제로 당신이 무엇을 믿는가는 중요하지 않아요. 중요한 것은 어떻게 믿는가 하는 것입니다."

그러나 그것은 성경적으로 볼 때 어리석은 생각이다. 무엇을 믿는가 하는 것은 엄청난 차이를 만든다. 왜냐하면 무엇을 믿는가는 어떻게 행동하는가를 결정하기 때문이다. 사실, 올바르게 믿으면서 올바르게 행동하지 않을 수도 있다. 그러나 만일 당신이 올바르게 믿지 않는다면 시종일관 올바르게 행동할 수 없다.

아시다시피 하나님은 분명히 말씀하셨지 더듬거리지 않으셨다. 성경은 계시(드러난 것)이지 수수께끼가 아니다.

사람들은 "나는 이 책을 이해할 수가 없습니다. 주님은 나와 게임을 하시는 것 같아요."라고 말한다. 그들은 그 게임에서 질까봐 두려워한다. 또한 그들이 천국에 도착하면 하나님께서 "아하! 그대는 성경을 이해하지 못했군!" 하고 말씀하시면서 고소한 듯이 바라보실까봐 두려워한다.

나는 그들에게, 우리가 성경을 이해하는 것에 대해서 우리 자신보다 하나님이 훨씬 더 관심을 가지고 계신다고 말한다. 그러나 우리는 그것을 연구함으로써 이해한다. 성경은 행운의 부적으로 가지고 다니는 것이 아니다. 그것을 문지른다고 해서 당신의 삶에 기적적인 변화가 오지는 않는다.

하나님께서 성경에 자신의 메시지를 말씀으로 표현하실 때, 바로 오늘날에도 그 메시지를 직접 당신에게 전달하려는 의도로 그렇게 하셨다는 생각을 해보았는가?

하나님은 우리와 소통하기를 원하신다. 그래서 그분은 우리가 현세와 내세에서 필요로 하는 모든 것을 한 책에 기록해 놓으셨다. 바로 이것이 우리에게 주어졌다. 이것이 우리가 받은 메시지이다. 기독교는 경험뿐만 아니라(비록 그것이 어떤 경험을 하도록 만들기는 하지만) 역사적 사실에도 근거하고 있다.

바울은 고린도전서 15장에서 이 사실을 우리에게 상기시켰다. 복음의 본질은 무엇인가? 바울은 그것을 다음 4가지의 역사적 사실이라고 말하였다.

그리스도는 죽으셨다.
그분은 장사되셨다.
그분은 부활하셨다.
그분은 어떤 사람들에게 나타나셨다.

어떻게 그리스도께서 죽으신 것을 아는가? 그분이 장사되셨기 때문이다. 어떻게 그분이 부활하신 것을 아는가? 그분이 어떤 사람들에게 나타나셨기 때문이다.

그러므로 내용은 성경적인 관점에서 결정적으로 중요한 것이다. 우리는 하나님께서 계시하신 진리를 알아야만 한다. 하나님의 말씀의 사실들을 결코 망각하지 마라. 그러나 그것이 전부가 아니다. 그 이상의 것이 있다. 거기에는 감정의 수준, 즉 정서가 들어 있다. 그리고 의지의 수준, 즉 행동과 태도가 있다.

생각이 변화되고, 정서가 변화되고, 의지가 변화되어야만 비로소 성경을 가르치는 일과 배우는 일이 이루어지는 것이다.

영향력 있는 교사가 되는 방법

나는 여러분이 "헨드릭스, 좋은 말씀입니다. 그러나 그래서 어떻다는 겁니까? 그 말씀은 정말 진리이기는 합니다. 하지만 어떻게 해야 그것을 내가 가르치는 데 반영할 수 있겠습니까?"라고 말하기를 바란다.

만일 당신이 영향력 있는 사람이 되기 원한다면, 당신이 받아들여서 추진할 수 있는 3가지 일을 제시하려고 한다. 이 책을 읽는 사람은 누구나 이 3가지 일을 충분히 해낼 수 있다.

1. 가르치고 있는 학생을 알라

이미 언급한 것이지만 반복할 만한 가치가 있을 것 같다. 그들의 욕구를 많이 알면 알수록 더 잘 채워 줄 수 있다.

이 일은 순서를 지켜야 하며, 시간이 걸린다. 그래서 많은 교사들이 여기서 실패한다. 요술과 같은 방법은 없다. 잘 가르치기 위해서는 대가를 치러야 한다. 그 값은 "자신의 삶을 기꺼이 쏟아 붓는"것이다. 즉, 교실 안팎에서, 공식적으로 그리고 비공식적으로 학생들과 개인적인 관계를 가져야 한다. 그들과 대화를 나누기 위해서 교실에 일찍 들어가야 하고 늦게까지 머물러야 한다. 또한 그들을 집으로 초대하기도 해야 한다.

세상의 일부 교사들은 이해할 수 없는 교육을 한다. 어느 전형적인 대학 교수 한 분은 강의 준비를 철저히 한 다음 강의에 임한다. 그는 그 과목을 사랑한다. 그래서 강의 시간이 시작되자마자 곧 준비한 강의 내용을 이야기할 수 있다. 그런데 강의가 끝나면 당장 사라져 버리고, 그 다음 강의시간이 될 때까지 만날 수 없다. 만일 그와 대화를 나누기 원한다면 교실에서 나가는 그의 뒤를 쫓아가며 이야기해야 한다.

나의 아내는 여성들의 모임에서 자주 강연을 한다. 우리는 함께 여행할 수 있도록 일정을 조정하려고 애를 쓴다. 그러나 이따금씩 떨어지게 된다. 그러면 나는 신학교의 남자 기숙사에 전화를 걸어서, 주말에 그곳에서 지내도 좋은지 물어 보곤 한다. 그러면 그들은 으레 "교수님, 농담하시는 건가요?"라고 말한다.

"아닐세. 그런데 나에게 심한 장난은 치지 않겠다고 약속해주게."

당신은 그들이 나에게 하려고 하는 일을 믿지 않을 것이다. 그리하여 나는 주말에 그곳에서 지내면서, 기숙사 방에 한꺼번에 몰려든 10명 내지 15명의 친구들과 몇 시간 동안 이야기꽃을 피우게 된다. 그 방은 마치 동물원 같다. 그러나 아주 재미있다.

어떤 선생들은 학생들이 어디에 있는지도 모르고 혼자서 꿈나라에 가 있다. 나는 과감하게 그들의 삶에 끼어들어 보라고 권하고 싶다.

가까이 가지 않고 멀리서도 사람에게 감명을 줄 수 있다. 그러나 가까이 접근해야만 영향을 미칠 수 있다. 그리고 가까이 다가가면 다가갈수록 그 영향은 더 크고 더 영구적이다.

가면을 벗은 모습을 사람들에게 보여 준 적이 있는가? 일전에 몇몇 학생들과 카우보이팀과 레드스킨스팀의 미식축구 중계방송을 본 적이 있다. 게임을 보던 도중 나는 너무 흥분해서 테이블을 주먹으로 쾅 하고 쳤다. 그 바람에 손목시계가 날아가서 박살이 나고 말았다. "아, 선생님도 인간이시군요." 하고 한 친구가 말했다. 그렇다. 지겹게도 나는 인간이다.

우리는 보통 자신의 사랑스러운 모습만 죽 늘어놓고 그 다음에야 겨우 사람들이 우리를 보게 한다. 그러나 그들이 참으로 필요로 하는 것은 당신이 의기소침해 있을 때나 화를 내고 있을 때의 모습을 보는 것이다. 그러면 그들은 당신이 인간이라는 것을 인정할 것이고, 자신들과 똑같은 인생임을 깨닫게 될 것이다.

2. 말할 권리를 얻으라

길거리에서 처음 만난 사람에게 그의 고민이 무엇인지 알고 있다고 말할 수는 없다. 어쩌면 그가 자신의 마음 일부를 털어놓을지도 모른다. 그러나 비록 그의 고민이 무언지 알고 있다 하더라도 그를 설득시킬 수는 없을 것이다.

먼저 신뢰가 있어야 전달이 이루어진다. 그래서 나는 교회에서 가장 평범한 일부 교인들이 가장 비범한 사역을 하고 있다고 확신한다. 그들은 그럴 권리를 획득했기 때문이다. 그런데 그들은 강단에서 볼 수 있는 사람들이 아니다. 그들은 삶을 변화시키는 사람들이다. 그리고 유명인

사들은 결코 그것을 이해할 수 없다. 그러므로 들어주는 귀를 확보하라.

3. 당신의 경험을 숨김 없이 이야기하라.

학생들에게서 기꺼이 비판을 받을 수 있는 교사가 되어라. 학생들에게 당신이 현재 고민하고 있는 것과 지난 수년 동안 고민해 온 것을 알게 하라.

만일 당신이 유년반을 맡았다면, 그 아이들에게 당신이 그들 나이였을 때 고민했던 문제를 이야기해주라. 그러면 아이들은 그 이야기를 이해하고 좋아할 것이다. 만일 학생들이 십대라면 당신도 전에 십대였다는 것과, 그 당시에 당신이 갖고 있던 문제를 이야기하라(만일 그랬던가 하고 의심이 되면, 그 당시의 당신을 알고 있는 누군가에게 물어 보라. 그러면 자료를 제공해 줄 것이다).

내가 학생들에게서 얻은 반응 중 가장 좋았던 것은, 우울증에 걸려서 고민했던 것을 언급했을 때였다. 그들은 쉽게 공감할 수 있다. 그러나 내가 그것을 극복하고 성공한 것에 관해서는 그렇지 않다.

대부분의 사람들은 당신이 지금까지 어떤 길을 걸어 왔고 어떤 배경을 가지고 있는 지보다는, 현재의 모습으로 당신을 알기 쉽다는 것을 기억하라. 왜냐하면 그들은 그 과정을 보지 못했기 때문이다. 그러나 당신은 하나님의 은혜로 먼 길을 왔다. 그러므로 하나님께서 그렇게 숱한 경험들과 고통스런 실패를 통해 가르쳐 주신 것, 즉 오늘의 당신이 되게 하신 경험을 다른 사람들에게 전하는 방법을 구상하라.

토의를 위한 질문

1. "마음에서 마음으로" 가르치는 것을 자신의 말로 어떻게 설명해볼지 서로 이야기하라.

2. 당신은 반에서 어떤 학생들을 가장 많이 인정해주는가? 왜인가? 또 당신은 어떤 학생이 가장 당신의 인정을 느낄 필요가 있다고 생각하는가?

3. 당신의 가르침은 학생들의 기분, 감정, 태도에 의해 어떻게 영향을 받는가? 그것은 당신을 낙심하게 하는가? 용기를 북돋우는가? 화나게 하는가?

4. 학생들이 당신의 강의에서 가장 즐거워하는 점은 무엇이라고 생각하는가? 그 이유는 무엇인가?

격려의 원리 The Law of Encouragement

마음의 본질은 동기에 의해 움직이는 힘, 또는 영향력으로 이해할 수 있다.
시계 소리가 귀에 닿고 지나치는 물건의 이미지가 눈에 보여도,
주의를 기울이지 않는 마음은 듣지도 보지도 못한다.

● 존 밀톤 그레고리

아래에 그려진 상자 안에는 동기 부여에 관한 모든 비밀이 들어 있다. 궁금하지 않은가? 이 상자는 잠겨 있다. 그러나 다행히 내가 열쇠를 갖고 있으니 한 번 열어 보자.

내가 맨 처음 꺼낸 것은 재미있는 암석들이 가득 들어 있는 작은 종이 봉투이다. 어느 토요일 아침, 일곱 살짜리 소년이 3시간을 들여 그것을 모았다. 그에게 그렇게 하라고 명령한 사람은 아무도 없었다. 선생님이 내준 숙제도 아니었다. 그러나 웬일인지 그는 그렇게 하기로 마음먹었다. 왜 그렇게 하였다고 생각하는가?

상자에서 두 번째로 꺼낸 것은, 온갖 때가 묻어 있고 책장이 떨어져 나간 육아책이다. 아내와 나는 그 책으로 네 명의 아이를 길렀다. 아무도 아내에게 그 책을 읽으라고 명령한 적이 없다. 그럼에도 불구하고 그녀는 그 책을 반복하여 읽었다. 그녀가 왜 그렇게 했다고 생각하는가?

다음은, 성경 암송카드 묶음이다. 성경 암송 계획을 세워서 시작해 본 적이 있는가? 있다면 왜 그렇게 하였는가? 혹은 시작했다가 그만두었는가? 왜 그랬는가?

그다음은, 국세청에서 발행한 세금안내 책자이다. 이런 책을 하루 종일 매달려 읽은 적이 있는가? 그것만큼 따분하고 재미없는 일도 없을 것이다. 한 번은 내게 어떤 사람이 "헨드릭스, 이 안내서를 읽으면 600달러를 절약할 수 있을 것이오."라고 말해 주었다. 내가 그것을 읽었을 것이라고 생각하는가? 그렇다. 나는 읽었다. 그래서 600달러를 면제받았고 그밖에도 여러 가지 혜택을 받았다.

지금 나는 아들 빌이 보이스카우트 같은 조직인 기독교 봉사대Christian Service Brigade로 활동할 때 입던 유니폼 윗도리를 끄집어내고 있다. 한쪽 호주머니에는 네 개의 휘장이 붙어 있다. 그가 그것을 따내기 위해 얼마나 노력했는지 당신은 믿어지지 않을 것이다. 휘장 하나는 고작해야 35센트짜리에 지나지 않는다. 그러나 그것들이 빌에게 얼마만한 가치가 있을 거라고 생각하는가? 누가 그에 대한 정확한 가격을 매길 수 있겠는가?

나는 사람들을 동기 부여하는 방법에 관해 쓰인 글은 거의 모두 읽었다고 생각한다. 동기 부여에 관한 성공적인 방법들은 한결같이 그 상자 안에 들어 있는 항목들, 즉 소유권, 호기심, 욕구 충족, 유용성, 도전, 인정, 칭찬과 같은 개념으로 나타나는 것을 볼 수 있다.

동기화 지수(MQ)

현대 교육에서 가장 큰 문제는 학습자에게 동기를 부여하지 못하는 것과 행동으로 옮기도록 이끌어주지 못하는 것이다.

가르치는 일을 계속할수록 사람의 동기화 지수 MQ:Motivation Quotient가 지능지수 IQ보다 더 중요하다는 것을 확신하게 된다.

나는 졸업과 동시에 전혀 쓸모없게 되는 학생들을 보아 왔다. 그들의 문제는 능력 부족이 아니다. 그들은 입학할 때 능력이 있음을 확인받았다. 따라서 그들의 문제는 적용, 실천의 결핍이라고 할 수 있다. 그들의 능력과 정력을 사로잡아서 이끌어줄 수 있는 것이 아무것도 없다. 그들은 스스로 적용하려는 동기화가 되어 있지 않다.

격려의 원리는 다음과 같다. 가르침은 학습자가 적당하게 동기화되었을 때 가장 효과적이다.

이 정의에서 적당하게라는 단어를 강조해야 한다. 왜냐하면 그릇된 동기화, 즉 파괴적인 결과를 가져올 수 있는 불합리한 동기화도 있기 때문이다.

그러한 동기화에 해당하는 한 가지 형태로 내가 사탕과자 동기화라고 부르는 것이 있다. 가령 "애야, 오늘 아침에 교회에서 얌전하게 굴면 아이스크림 사 줄게." 혹은 "성경 구절 200개를 외우면 일주일간 캠핑 보내 줄게." 같은 약속이다. 이러한 약속은 효과가 있을 것 같다. 그리고 그 약속 때문에 학생이 착한 일을 할 수도 있다. 그러나 그 착한 일은 좋은 결과를 가져오지 못할 가능성이 있다.

일리노이 주에 있는 어느 교회에서 소년부 지도교사로 있을 때의 일이다. 초등부의 한 소년이 600개의 성경 구절을 완전하게 외우고 있었다. 그래서 우리는 그를 기독교 방송의 프로그램에도 참가하게 하였다.

나중에 우리는 누군가가 주일마다 초등부의 헌금을 훔쳐가고 있다는 이야기를 들었고, 그 사건을 조사하기 위해 위원회가 조직되었다. 짐작했겠지만 범인은 600구절을 외우는 바로 그 아이였다.

　나는 그 아이를 사무실로 불러 성경 한 구절을 들려주었다(도중에 그 아이는 내가 틀리게 인용한 것을 정정하기까지 했다). 나는 "그 성경 말씀과 네가 헌금을 훔친 일이 관련이 있다고 생각하니?"라고 물었다.

　그는 처음에는 "아니오."라고 대답하였지만 나중에는 "저, 어쩌면 관계가 있을지도 모르죠."라고 했다.

　"무슨 관계가 있다고 생각하지?"

　"제가 잡힌 것입니다."

　착한 일을 한다고 해서 반드시 좋은 결과를 가져오는 것은 아니다. 그것은 오로지 동기화의 이유에 따라서 결정된다.

　또 하나의 그릇된 동기화는 죄책감이다. 많은 사람들이 성경을 외우는 이유는 이런 것이다.

　"만일 이 구절들을 외우지 못한다면 나는 제대로 된 그리스도인이 될 수 없어."

　실제로 이것은 꽤 많은 설교자들이 흔히 사용하는 동기화 방법이다. 교인들은 죄책감을 점점 더 많이 쌓아 가고 있으며 계속해서 그렇게 길들여져 가고 있다. 그래서 당신이 벨만 누르면 그들은 무조건 침을 흘리게 된다. 이것은 전혀 그릇된 이유 때문이다.

　또 다른 그릇된 동기화는 고의적이든 아니든 속임수에 의한 것이다. 만일 내가 성공하는 법을 알고 있다고 말하면서 직접 시도해 보기만 하면 당신의 삶이 완전히 변화될 것이라고 설득한다면, 아마 적어도 한 번은 시도해 보려고 할 것이다. 그러나 처음에는 그것이 잘 통하겠지만, 다음부터는 결코 내 말을 듣지 않을 것이다.

그러므로 기독교가 사람들에게 약속하는 것 이상, 성경이 약속하는 것 이상을 약속하지 마라. "그리스도에게 나아오면 당신의 모든 문제가 해결될 것입니다."라고 말하지 마라. 그것은 사람들이 기독교에 환멸을 느끼는 이유가 된다. 그리스도께서는 그들의 필요를 채워 주실 것이다. 그러나 당신의 각본이나 당신이 말하는 때나 당신이 생각하는 방법에 따라서 하시지는 않을 것이다.

나는 자신이 전혀 모르던 문제가 있음을 발견하는 사람들을 그리스도께로 인도하고 있다. 그 사람들은 예수 그리스도께 나아와서 성경공부를 시작한 다음, 하나님께서 "그리스도가 교회를 사랑한 것같이 그대가 아내를 사랑하기를 원하네."라고 말씀하시는 것을 듣고 나서야 비로소 결혼이 필요한 일임을 알게 되는 사람과 같다. 그때에야 그는 그것이 전혀 새로운 경험인 것을 알게 된다. 그러므로 동기화하기 위한 수단으로 무슨 말을 할 것인지에 더욱 주의해야 한다.

필요의 인식

동기화에는 두 가지 차원이 있다. 첫째는 외적인 동기 부여, 즉 외부로부터 동기가 부여되는 것이다. 둘째는 더 중요한 것으로 내면에서 일어나는 내적인 동기화이다.

외적 동기화는 내적 동기화를 일으킨다. 당신은 학생의 내면에 파고들어 샅샅이 뒤져서 그가 고통스러워하는 문제를 찾아내어 해결할 수 있기를 바라지만, 그럴 수가 없다. 당신은 그의 내부에서 무언가가 일어나게 하기 위하여 외부에서 일을 해야만 한다.

우리는 로마서 12장 1절에서 하나님께서 이 내적 동기화를 성취하시는 방법을 볼 수 있다. 아마 당신은 이 구절을 암송하고 있을 것이다.

그 구절은 "그러므로……"로 시작한다. 성경에서 "그러므로"라는 단어를 볼 때마다 다음에 무슨 말이 나올지 궁금해진다. 바울은 "하나님의 모든 자비하심으로……"라고 계속하고 있다. 모든 자비하심이란 무엇인가? 바울이 열한 장을 들여가며 상세하게 설명한 그 자비이다. 그리하여 하나님의 모든 자비하심에 근거하여, 즉 하나님께서 당신을 위하여 행하신 일에 근거하여 바울은 "내가……너희를 권하노니 너희 몸을 하나님이 기뻐하시는 거룩한 산 제물로 드리라"고 말하고 있다.

나는 복음적인 사람들이 제자도에 깊이 헌신하지 않는 한 가지 이유는 사람들에게 하나님을 위한 일을 하라고 요구하기 때문이라고 깊이 확신한다. 하나님께서는, 당신을 위해 행하신 일을 당신에게 충분히 알려 주시기 전까지는 그분을 위해 어떤 일을 하기를 요구하지 않으신다. 그러나 마침내 당신이 그분께서 당신을 위해 행하신 모든 일들을 완전히 이해하게 될 때, 당신의 극히 논리적이고 이성적이며 지혜롭고 자연스러운 반응은 가진 모든 것, 곧 당신의 지성과 감정과 의지를 그분의 주권에 맡기는 것이다. 이제 당신은 내적으로 동기 부여가 되었으며 성숙해 가기 시작한다.

아이들에 대한 가장 중요한 목표가 착한 아이로 기르는 것이라고 생각하는 부모와 교사들이 매우 많다. 그러나 그들이 해야 할 일은 훌륭한 성인을 기르는 것, 즉 내적으로 준비가 되어 있는 자발적인 사람을 기르는 것이다. 46세가 되어서도 여전히 그저 착한 "아이"인 사람들이 너무나 많다.

　동기 부여자인 교사로서 당신은 학생들이 자발적인 사람으로 성장하도록 돕기를 원한다. 당신이 부탁하거나 강요하기 때문이 아니라 그들 스스로 결심하였기 때문에 해야 할 일을 하는 것을 원한다.

　이런 선택을 촉발하는 최선의 방법 한 가지는 학습자가 자신의 필요를 알게 하는 것이다.

　만일 내가 당신에게 연설에 관한 강의를 한다고 하자. 당신은 아마 "저, 선생님, 저는 정말로 흥미가 없습니다. 아시다시피 제가 그렇게 말솜씨가 형편없는 사람은 아니거든요."라고 말할지 모른다.

　그러면 나는 이렇게 말한다.

　"좋습니다. 다음주 목요일에 경영인 모임에서 당신에게 연설을 시키고 싶군요. 대략 3, 4백 명의 남자들이 모일 텐데 대개가 비그리스도인이지요. 당신에게 3분간의 간증 시간을 주겠습니다."

　당신은 이제 그 연설을 하지 않을 수 없다.

　"으음……. 분명히, 분명히 3분입니까?"

　"그렇소, 60초의 3배 말입니다."

　"하하, 정말이시군요. 물론 하겠습니다."

　다음주 목요일, 당신은 일어서서 그곳에 있는 사람들을 모두 살펴보고는 얼어 버린다. 당신은 마치 날아가 버릴 것을 염려하기라도 하듯 메모지를 꽉 움켜쥐고 있다. 당신은 농담을 한마디 던지고는 중요한 대목을 잊어버린다. 간증을 시작했지만 마지막 부분이 처음에 나와 버린다. 나머지는 당황해서 생각이 나질 않는다. 세 번째 줄 이상은 누가 누군지 도무지 알아볼 수가 없다. 기가 막힌 일이다. 드디어 당신은 주저앉아

버린다.

"아마 시간이 조금 넘었겠지."라고 당신은 중얼거린다.

"겨우 9분밖에 넘지 않았죠." 내가 말한다. 그리고 덧붙인다.

"참, 내가 당신에게 연설에 관한 강의를 하면 어떻겠습니까?"

"언제 시작할까요?"

강의의 필요가 이제 그에게 절실하게 느껴졌다. 그래서 교사는 대부분의 교수 방법을 학생들에게 실생활을 경험하게 하는 방법으로 해야 한다.

수년 동안 나는 상담을 가르쳤다. 한번은 강의 후 어떤 학생이 찾아와서 "교수님, 좀 더 도전적인 일을 할 수 있게 해주시겠습니까?"라고 말했다.

"그러지, 아마 그런 일이 있을 걸세."

나는 댈러스의 소년범 센터에 있는 한 친구를 전화로 불러내서 교육이 필요한 학생이 한 명 있다고 말했다.

친구의 허락을 받고 나는 그 학생을 그곳에 파견하였다. 그들은 그를 26가지 죄목을 가진 14살짜리 소년의 독방에 집어넣었다. 당국에서는 소년을 영원히 감옥에 넣을 수 있도록 그가 성인이 되기만을 기다리는 입장이었다.

우리 학생이 독방에 들어갔을 때 그 소년은 발을 창문턱에 걸치고 앉아 있었다. 철컥 하고 문이 열리자 그 아이는 돌아보면서 한 마디 했다.

"매일 새로운 사람을 들여보내는군. 당신은 또 누구야?"

"교수님, 저는 그 말에 난감해지고 말았어요."

그 학생은 더 배울 각오를 하고 돌아왔다.

나는 일전에 대학 구내에 있는 학생회관에 복음을 전하러 가는 한 신학생을 만났다. 그는 나에게 기도를 부탁하였다.

"뭐라고 기도해주었으면 하는가?"

"사람들이 저의 가장 큰 약점을 공격하지 않도록 기도해주세요."

나는 사람들이 그렇게 하도록 기도하겠노라고 말했다.

다음 날, 그는 "주님은 교수님의 기도에 응답하셨어요."라고 말하였다. 사람들은 그를 갈가리 찢어 놓았다. 그러나 오늘날 그는 미국의 대학생들에게 최고의 목회자로 인정받고 있다. 그는 학생회관에서의 그날을, 자신의 모습을 진정으로 알게 된 순간, 즉 자신이 모르는 것이 얼마나 많은가를 알게 된 순간으로 회상한다.

유익한 훈련

사람들의 훈련 경험을 올바르게 조직함으로써 그들에게 동기를 부여할 수 있다.

훈련에는 4가지 주요 단계가 있다.

첫째는 말하기 단계이다. 우리는 보통 이 부분에 가장 강하다. 나는 항상 이 단계에서 내용을 글자와 테이프, 두 가지로 기록할 것을 권한다. 학습자가 한 가지 방식에만 의지하지 않고 반복해서 복습할 수 있는 방식을 만들어야 한다. 그래야만 실제로 뜻을 파악할 수 있다. 조사에 의하면-물론 예외가 있긴 하지만-효과적인 학습을 위해서 여성들은 책을 읽고 남성들은 테이프를 듣는 경향이 더 많다고 한다.

다음 두 번째 단계는 보여주기 단계이다. 당신은 모델을 제시한다. 그것이 어떻게 보일까? 거기에 살을 붙여 현실감을 갖게 하라. 또한 당신이 도저히 헤어날 수 없을 것 같은 곤경 속에서 애를 쓰며 진리를 삶에 적용하는 모습을 학습자들이 지켜보게 하라. 그 모습을 활동을 통하여 바라보게 될 때 그들은 "바로 내가 원하던 것이군." 하고 말할 것이다.

우리는 자주 이 활동을 빼먹어 버린다. 주일학교 교사 훈련 과정에서 우리는 "다음주에는 아주 중요한 이야기에 대한 수업을 받으러 오십시오."라고 말한다. 다음주에 교사들이 온다. 그러면 지도교사가 일어나서 "이야기는 대단히 중요합니다. 예수님은 이야기로 말씀하셨습니다. 위대한 교사들은 모두 이야기를 해왔습니다. 그런데 이야기에는 다섯 가지 중요한 요소가 있습니다. 그것은 …… 입니다."라고 말한다. 그러고는 강의를 마치면서 "질문 있습니까?"라고 말한다. 누가 질문할 것이 있겠는가? 그들은 아무리 애를 써도 이야기를 이해하지 못한다. 그런데 "다음주에 또 다른 재미있는 교사 훈련을 하러 오십시오."라고 말한다. 교사들은 모조리 나오지 않는다.

세 번째와 네 번째 단계는 해보기이다. 처음에는 통제된 상황에서, 그 다음에는 통제되지 않는 실생활 가운데서 해보는 것이다. 나는 수영에 통신 교육 과정이 있다는 말을 들어본 적이 없다. 그렇다. 수영은 헤엄을 침으로써 배우는 것이지 책을 읽거나 혹은 수영장에서 솟아올랐다 가라앉았다 하는 프로선수들을 바라보면서 배우는 것이 아니다. 직접 물에 들어가서 몸을 적셔야만 배우게 되는 것이다.

나는 늘 학생들을, 텍사스에서 비교적 성공한 변호사들을 길러낸 뛰어난 교수 한 분이 가르치는 대학교의 법학과 수업에 참관하게 한다. 그는 좀 거친 사람으로 알려져 있었다. 그러나 학생들은 그가 자기네들을 사랑하며 자신의 전문지식과 기량을 학생들에게 다 쏟아 바치려 하는 것을 알고 있다.

그는 실제 법정에서처럼 한편에는 원고 측, 다른 한편에는 피고 측, 그리고 학생 한 명은 재판관으로, 나머지 학생들은 배심원으로 구성한 다음에 재판 법 강의를 한다. 그리하여 학생 모두가 실제 활동을 통해 배우게 된다.

재판이 시작되자마자 그 교수는 중앙 통로를 질풍같이 달려 내려가서는 원고 측을 호되게 꾸짖는다.

"자네들은 그런 소송을 심리하겠다고 할 작정인가? 그런가?"

그러고는 그들의 결함을 일일이 들추어내고 난 후 몸을 홱 돌려서 반대편 학생들에게 이의를 제기한다.

"자네들은 내가 그런 엉터리 변호로 재판을 하리라고 생각하는가? 나는 그걸 묵사발로 만들어 놓을 걸세."

강의 시간이 끝나면 그는 학생들에게 윙크하면서 "이 사건에서 이기는 법을 알고 싶은가? 그러면 나를 따라오게."라고 말한다. 그는 스무 명의 학생들을 이끌고 캠퍼스를 가로질러 가서는 커피를 마시면서 그 사건에 관한 이야기를 나눈다.

나는 언젠가 그에게 그의 교육 철학을 물어 보았다. 그는 "학생들이 여기서는 이기고 세상에 나가서는 지는 것보다 차라리 여기서는 지고 세상에 나가서는 이기게 하고 싶습니다."라고 대답했다.

우리는 어떠한가? 우리 학생들은 교회 안에서는 이기고 있지만 현실 세계에서는 형편없이 지고 있지는 않은가?

지난 날을 곰곰이 생각해 보니, 나는 개인 전도에 관해 일곱 과목을 이수한 것 같다. 그러나 솔직히 말하면 그중 한 과목도 즐겁지 않았다.

수업시간에 우리는 사람들이 복음에 대해 갖는 일반적인 반대 의견에 맞설 수 있는 성경 구절 목록을 암기하였다. 그리고 학교에서는 우리를 시카고에 있는 한 복잡한 역으로 보냈다. 그런데 내가 맨 처음 만나서 이야기를 나눈 사람은 목록에 나와 있지도 않은 반대를 제기하였고 나는 묵사발이 되었다.

물론 대학교와 신학교 시절을 돌이켜 봄으로써 효과 없는 가르침에 대한 모든 해답을 얻게 되었다. 나는 수업시간에 "에이, 통탄스럽군. 이 시간은 가장 형편없는 강의가 되겠어. 그런데도 수업료를 내고 있다니!"라고 생각하곤 했다. 그와 같이 나는 당신이 생각지도 못할 쓴 뿌리를 가지고 있었다.

그러던 어느 날, 나를 방문한 선교사에게 마음속에 간직한 생각을 털어놓았다. 그러자 그는 이렇게 제안했다.

"하워드, 당신의 문제를 알겠어요. 당신은 건설적인 면으로 비판적이 아니라 파괴적인 면으로 비판적입니다. 한 번 이렇게 해보는 게 어떻겠습니까? 수업을 받을 때 공책을 반으로 나누어 한쪽에는 당신이 보통 하는 대로 그 시간의 수업 내용을 필기하고, 다른 쪽에는 당신이 그 과목을 가르친다면 어떻게 다르게 가르칠 것인가를 적어 보는 겁니다."

그것은 나쁜 제안이 아니었다. 그 지시대로 했기 때문에 그 강의에서 어떻게 나의 신학 교육의 철학을 형성하고 구체화하였는지 되돌아볼 수 있다. 나는 신학교에서 어떻게 강의해야 할지 몰랐다. 그러나 내가 과거에 들었던 강의보다는 더 나은 방법이 있을 것이라고 믿었다.

신학교에서 설교학을 가르치던 때, 강의 초반에 정해 준 과제 때문에 종종 흥미진진한 일이 벌어지곤 하였다.

"자기가 원하는 예화를 어떤 것이든지 한 가지 찾아내서 다음 시간에 구두로 발표할 수 있도록 준비해오시오."

드디어 다음 강의 시간이 돌아온다. 그러면 몇몇 학생들은 내가 그들을 보지 않았으면 하는 바람으로 몸을 움츠리고 앉아 있다.

"좋아, 자네가 시작하게."

나는 그런 학생 한 명에게 말한다.

"저 말입니까, 교수님?"

"자넬세."

그는 마지못해 일어나서 준비해 온 예화를 말하기 시작한다. 그러다가 멈춘다. "그만하겠습니다, 교수님. 마지막을 잊어버렸어요. 앉게 해 주십시오." 하고 사정을 한다.

"아니, 앉을 수 없네. 이 강의실에서 이 사람이 앉길 바라는 사람이 있는가?" 그러면 학급 전체가 "아니오."라고 합창을 하곤 했다.

"보게나, 아무도 자네가 앉는 것을 원하지 않네."

결국 그는 그 나머지를 기억해 낸다. 학급 전체가 박수갈채를 보낸다. 그러면 그는 환하게 웃으면서 앉는다.

"자네는 이번이 처음인가?"

"네, 처음입니다, 교수님."

"어때, 재미있는가?"

"아니오."

그는 흔쾌히 웃었다.

"끔찍했습니다."

나는 현재 설교 사역으로 국제적 명성을 얻고 있는 그 시절의 학생들의 이름을 댈 수 있다. 그러나 그들이 교실에서 발표했던 첫 번째 설교를 들어 보면 한심스럽기 그지없다.

물론, 내가 처음 설교했던 교회에서 사람들이 집으로 돌아갈 때 인사하던 상황을 생각하면 지금도 식은땀이 난다. "주님, 제가 왜 이러죠?" 하고 몇 번이나 되물었다. 강단 뒤에 쥐구멍이라도 있으면 그리로 피하고 싶었다. "오, 하워드! 아주 좋았습니다."라고 친한 사람들이 말했지만, 나는 그들이 거짓말을 하고 있는 것을 알았다. 그러나 그것이 우리 모두가 출발해야만 하는 지점이다.

또 다른 유익한 훈련 방법은 사람들에게 책임 있는 임무를 맡기는 것이다. 문제는 교회에서 그러한 일을 하지 않는다는 것이다. 미국 정부는 수백만 달러의 비행기를 19세의 젊은이의 손에 맡긴다. 그러나 바로 그 나이의 젊은이들이 교회에 나오면 우리는 헌금을 거두는 일도 시키지 않는다.

당신이 어떤 것에 투자를 하면 할수록 그것의 가치를 점점 더 인정하게 될 것이다. 그리고 투자를 크게 하면 할수록 이익이 점점 더 많아진다는 것도 인정하게 된다.

훈련에 관한 유력한 권위자 한 분은 나에게 세상에서 가장 좋은 훈련은 이단 종파에서 이루어진다고 말했다.

어느 주일 아침, 나는 수술을 받고 회복을 위해 집에 있었다. 그런데 처음 보는 멋있는 차림의 두 남자가 문을 두드렸다(비록 주일 아침이 불신자가 집에 있기에 가장 적당한 시간이라 하더라도 복음주의자들은 그 시간에 전도를 하려는 생각은 결코 하지 않는다). 한 명은 나이가 많았고 한 명은 젊은이였다. 나는 그들을 맞아들여서 꽤 오랫동안 대화를 나누었다.

우리는 몇 개의 성경 구절을 살펴보았다. 그런데 그들은 자주 "헬라어로는 무엇 무엇이라고 합니다."라고 말했다.

"헬라어와 그 말에 도대체 무슨 관계가 있소?"

"헨드릭스 씨는 신약성경에 관해 많이 알지 못하신가 보군요. 신약은 헬라어로 기록되었답니다."

"대단하군요! 헬라어를 읽을 수 읽소?"

"예, 제법 읽지요. 우리 훈련에 포함되어 있으니까요."

"좋습니다."

나는 내 헬라어 신약성경을 그에게 건네주었다. 그는 갖가지로 번역하였다. 그러자 당장 나이 많은 사람이 그 젊은이를 막으려고 애를 썼다. 나는 그들의 잘못된 주장을 논박하기 시작하였다.

"아시다시피 헬라어로 이 문장은 당신이 말한 뜻을 전혀 가지고 있지 않소."

그들은 떠나려고 일어섰다.

그러고 나서 그들은 어디로 갔을까? 이웃집인가? 아니다. 바로 그리로 갈 만큼 그들은 어리석지 않았다. 이것이야말로 훈련할 수 있는, 즉 교육시킬 수 있는 절호의 순간이었다. 두 사람은 거리를 좀 더 내려가다가 멈추어 섰다. 거기서 그들은 한 시간 동안이나 이야기를 하였다. 틀림없이 훈련 담당자인 나이 많은 사람이 젊은이에게 다음에는 허튼 짓을 하지 않도록 방법을 이야기하고 있었을 것이다.

그런 다음 그들은 나의 이웃집으로 갔다. 다음날 나는 "짐, 둘 중에 누가 이야기를 하던가?" 하고 물어보았다.

"젊은 친구였어."

당연하다. 그가 훈련 중에 있었기 때문이다.

개인적인 접촉

유언장이 낭독되고 있는 법정에 앉아 있어 본 적이 있는가? 낭독자는 뜻을 알 수 없는 법률 용어를 제멋대로 중얼거리고 있고, 그 유언장에 수혜자로 지명된 자를 제외하고는 모두 반쯤 잠들어 있다.

당신이 가르치는 내용에 학습자의 이름을 써넣어서, 그가 실제로 자기 이름이 책의 여기저기에 나타나 있는 것을 보고 그것이 "자기 개인의 것"임을 알게 된다면, 동기를 부여받는 정도는 크게 달라질 것이다.

나는 35년 넘게 한 학교에서 가르쳤다. 하지만 하나님께서 내 생애를 통해 지정하신 학생들의 사역 효과를 생각해 보면 부끄럽기만 하다. 그러나 하나님께서 나를 사용해 오신 이유는, 그분의 은혜로 성령께서 나를 깨우치셔서 사람을 변화시키는 능력을 절대적으로 확신하게 하셨기 때문이라 생각한다.

성령께서 당신에게도 그와 똑같은 확신을 주셨다고 믿는다. 왜냐하면 만일 당신이 그런 확신을 가지고 있지 않으면 당신의 영향력은 언제나 제한될 것이기 때문이다. 성령께서는 당신을 학습자의 외부에서 작용하는 동기화의 도구로 사용하기를 원하시는 한편, 사람의 내면에서 일하신다.

내가 알고 있는 몇몇 훌륭한 동기 부여자들은 전혀 교실에서 일하지 않는다. 그들은 이름 없는 교사들이다. 그러나 제자의 도를 행하면서 다른 사람의 삶과 시각을 변화시키고 있다. 어떻게? 그들은 다른 사람의 삶 속에 기꺼이 들어가서 영향을 미친다.

나는 누구나 예외 없이 배움을 위한 동기 부여를 받을 수 있다고 확신한다. 그러나 모든 사람이 동시에 받는 것도, 똑같은 사람에게서 받는 것도, 똑같은 방법으로 받는 것도 아니다.

때를 잘 맞추는 것이 중요하다. 왜냐하면 가르침이란 먼 훗날 다른 장소에서 폭발하도록 교실에서 시한폭탄을 만드는 것과 같기 때문이다. 당신은 좋은 선생이 되기 위해 믿음으로 행해야 하며 많은 인내심을 가져야만 한다.

당신이 모든 개인에 대한 하나님의 응답은 아니다. 그리스도의 몸이 바로 하나님의 응답이다. 당신은 내가 도저히 손댈 수 없는 사람들에게 다가갈 수 있다. 그리고 또 어떤 사람은 당신도 나도 다가갈 수 없는 사람들에게 영향을 미칠 수 있다.

창조적인 동기 부여

우리 교회의 교인들은 다음과 같은 표어를 내세우고 있다.
"전 세계로 나아가서 사진을 찍어오라."

우리 부부가 아시아로 가려고 하자 그들은 모든 여행자들에게 하던 대로, "부디 사진을 찍어오십시오."라고 했다. 그래서 우리는 사진을 찍어와서 보여 주었다.

다음 주일 저녁 예배가 끝난 후에, 우리는 교인들 중에서 3명의 내과 의사를 초대하였다. 나는 그들에게 사진을 보여주었다.

"이곳은 어느 외딴 부족이 사는 지역의 진료소입니다."

"그 진료소는 어떻게 시작되었습니까?"

"어느 날 하버드대학교 의과대학을 떠나면서 그 일이 학장에게 달려 있다고 말한 외과 교수 한 분에 의해서지요. 그때 그분은 곧장 그곳으로 가서 행동을 개시하셨어요."

"이 사진은 약국입니다."

그들은 빈 선반만 있는 약국의 내부를 살펴보았다.

"약국이라고요? 약사들은 어디에 있습니까?"

"모르지요. 거기서는 약국이 이렇게 되어 있었어요."

"어떻게 약사도 없는 약국이 있을 수 있습니까?"

"난 모르겠습니다. 그러나 그곳은 그랬습니다."

나는 다음 사진들을 계속 보여주었다. 사진을 모두 보고 난 후 가장 처음 나온 질문도 "도대체 어떻게 약사가 없는 약국이 있단 말입니까?"라는 것이었다.

그날 밤 이후로, 이 의사들과 수많은 사람들은 세계 도처의 약사가 부족한 곳에 약사를 두기 위한 비용으로 수백만 달러를 보내고 있다. 그들은 어떻게 해서 그런 동기를 가지게 되었을까? 교사인 당신도 이와 같은 방법으로 누군가를 동기화할 수 있다. 일단 당신이 학생을 알게 되면 그들이 당신을 알게 하라. 그러고 난 다음에 그 지식을 토대로 해서 창조적인 동기 부여를 해나가라.

하나님께서는 사람에게 다양한 방법으로 동기를 부여하시므로 우리도 창조적이고 다양한 방법을 사용해야 한다.

나는 성인뿐만 아니라 고등학교 학생들도 가르치는 특권을 누려 왔다. 또 전문적인 직업을 가진 사람들과 불우한 형편에 처한 사람들을 가르쳤다. 여러 남성 집단과 여성 집단도 가르쳤다. 의사들과 변호사들을 가르쳤으며 또 어린이들을 가르쳤다. 이들 다양한 집단들은 각기 창조적으로 이용할 수 있는 갖가지 재능과 관심을 교실로 가지고 왔다.

십대를 예로 들어 보자. 사람들은 "우리는 이 아이들이 하나님의 말씀에 흥미를 느끼도록 할 방법이 없어."라고 말한다. 그러나 나는 그렇게 생각하지 않는다. 문제는 우리가 그들의 관심과 능력의 범위 안으로 창조적인 유인책을 넣으려 하지 않는 것이다.

우리는 그들이 대안을 만들어내도록 도와주기보다는 오히려 그들이 무엇을 하고 어떻게 하는가에 대해 흠을 잡는다. 대안을 제공하지 않고는 결코 금지하지 말아야 한다. 다시 말해, "너는 이것을 할 수 있다."라고 말하지 않고 하지 말라고만 하는 것은 마땅치 않다.

예를 들면, 청소년들이 듣는 음악을 몹시 비난하는 교회들이 있다. 나는 그 어른들에게 "청소년들에게 그들의 음악을 활용할 기회를 주려고 생각해 본 적이 있는가?"라고 묻는다. 그러면 그들은 아연실색한다.

"목사님, 교회에서 말입니까?"

"그럼 어디겠습니까? 나이트클럽이겠어요? 물론 교회에서지요."

나는 어떤 사역에 쓸 노래 가사를 만들기 위해 아이들이 몇 시간씩 성경을 연구하는 것을 보았다.

복음적인 공동체에 대해서 내가 가장 언짢아하는 것은 모든 종류의 창의성을 파괴하는 경향이다. 창의성은 유용한 것이다. 그러나 우리는 그 출구를 제공하지 못하고 있다.

나는 젊은 음악 천재 한 사람을 알고 있는데, 그는 십대에 처음으로 지방의 교향악단을 지휘하였고, 20대에는 뉴욕 필하모닉의 객원 지휘자였다. 그는 자신이 자라난 도시의 어느 복음적인 교회 출신이었다. 그러나 그 교회는 그의 음악적인 재능을 단 한 번도 활용한 적이 없었다. 오늘날 그는 예수 그리스도에게서 멀리 떠나 버렸다.

자유롭게 분출되는 능력

어떤 이들은 영향력 있게 증거를 할 수 있으려면 먼저 성경이 하나님의 말씀인 것을 증명해야만 한다고 말한다. 나는 그들이 손을 묶고 있다고 생각한다. 그들은 성경의 힘이 매일의 삶을 통해 분출되게 하고 폭발하게 하여 모든 사람들이 그로 인한 근본적이고 초자연적인 능력을 볼 수 있게 한 적이 없다.

나는 몇 번이고 되풀이하여 "도대체 당신은 어떻게 동기를 부여합니까?"라는 질문을 받는다.

그러면 나는 이렇게 대답한다.

"당신이 2만 볼트의 전류로 누군가에게 충격을 주면, 그들은 당신을 돌아보며 "뭐라고 말씀하셨죠?"라고 묻지 않을 것입니다. 그들은 그냥 움직일 것입니다."

중요한 문제는 당신이 동기화되어 있는가 하는 것이다. 왜냐하면 동기화된 사람들이 변화의 촉진자가 되기 때문이다.

　월터 모벌리 경은 그의 저서 『대학의 위기』에서, 복음주의자들이 복음으로 대학캠퍼스에 파고드는 일에 실패하는 것을 언급하고 있다. 그리스도를 따른다고 주장하는 사람들에게 그는, "만일 당신의 믿음이 십분의 일만이라도 진실이라면 당신은 현재보다 열 배는 더 흥분해 있어야 한다."고 말한다.

　교회의 많은 사람들이 열정을 가질 만큼 궁극적인 가치가 있는 일에 전혀 열정을 갖지 못하고 있다.

　정말 흥분할 만한 일이면 흥분해야 한다!

토의를 위한 질문

1. 당신이 가르친 결과로 학생들의 삶에서 어떤 일이 일어나기를 기대하는가?

2. 1번 문제에 대한 대답을 다시 생각해보라. 이 기대들은 너무 큰가? 너무 작은가? 혹은 적당한가? 기대가 너무 크거나 작은 경우에, 현실과 어떻게 일치시킬 수 있는가?

3. 당신 수업에서 학습자의 몇 %가 당신에게서 배우려는 동기화가 되어 있다고 생각하는가?

4. 학생들이 수업에 지루함을 느낀다는 것을 어떤 신호로 알아내는가?

준비의 원리
The Law of Readiness

많은 교사들이 전혀 준비되지 않거나 어설프게 준비된 상태로 가르침에 임한다.
그들은 전달할 것이 없는 전달자와 같다.
그들은 마땅히 기대해야 할 자신의 노력과 그 결실 모두에 능력과 열정이 없다.

● 존 밀톤 그레고리

선수는 경기를 앞두고 몸을 푼다. 오케스트라는 연주회 전에 조율을 한다. 마찬가지로 학습자와 교사도 준비가 필요하다.

준비의 원리는 다음과 같다. 교수-학습의 과정은 학생과 교사 양쪽이 다 충분히 준비되어 있을 때 가장 효과적이다. 교사들에게 가장 큰 문제의 하나는 학생들이 냉담하게 수업에 임하는 것이다.

만일 당신이 주일학교 성인 반에서 이사야서를 가르친다고 하자. 어느 주일에 기적이 일어났다. 그날 아침에 당신은 실제로 순전히 가르치는 시간으로 60분을 꽉 채울 것이다(그 주된 이유는 "학습 준비 활동"을 하지 않아도 되었기 때문이다. 이것은 참 중요한 것이다. 왜냐하면 대부분의 사람들은 미리 예습을 해오지 않고 학습에 임할 준비가 되어 있지 않기 때문이다).

그리하여 당신 앞으로 온전히 1시간이 배당되었다. 당신은 "이사야서 27장을 펴시기 바랍니다." 하고 강의를 시작한다. 곧 그들은 "이사야서 27장에 뭐가 있더라?", "모르겠는데…….", 심지어는 "알 게 뭐람?" 하고 반응할 것이다. 그러나 당신은 유능한 교사이다. 그리고 이사야서 27장에 있는 메시지가 오늘날 우리의 삶에 주는 가치를 굳게 믿는다. 당신은 이 장을 숙지해야 할 뿐만 아니라 이 말씀이 우리를 지배해야 한다고 믿는다.

수업은 이사야서 27장으로 열기를 더해 가기 시작한다. 실제로 수업이 끝날 무렵이 가까워짐에 따라 그들은 질문을 생각하기 시작한다. 당신이 연구해 온 구절들이 그들의 삶에서 나타나는 여러 가지 필요와 문제를 건드렸던 것이다. 그들의 깊은 관심을 불러 일으켰다. 그러나 시간이 다 되었다. 수업은 끝났다.

한 주일 후에 당신은 다시, "이사야서 28장을 펴시기 바랍니다."라고 말한다. 이번에는 이런 반응이다.

"이사야서 28장에는 뭐가 있지?"

"모르겠는데……."

"알 게 뭐람?"

이런 식으로 당신은 이사야서 전체를 수업하게 된다. 나는 그 시간에 당신이 가장 효과적인 시간 투자를 하도록 한 가지 방법을 제안하고자 한다. 관심을 불러일으키는 출발점을 수업이 시작했을 때로 생각하지 마라. 출발점을 앞으로 당겨서, 수업을 시작할 때는 이미 시작된 관심을 계속하여 발전시킬 수 있도록 하라. 그러면 수업이 끝날 때쯤, 학습자들은 자신의 문제에 대한 답과 고민에 대한 해결책을 찾아 낼 것이다. 그리고 그들 스스로 혹은 다른 사람들과 함께 본문을 계속 연구하고자 하는 동기를 얻게 될 것이다.

성공적인 숙제

준비의 원리는 숙제에 대한 철학적인 근거를 제공한다. 숙제라는 말만 해도, 당신은 과민반응을 보일지 모른다.

"헨드릭스, 당신은 내가 맡고 있는 학급을 모릅니다. 그들은 숙제를 해오지 않습니다. 시간 낭비예요."

나는 당신이 숙제를 내주지 않는 한, 학생들은 그것을 해오지 않을 것이라고 장담할 수 있다. 어째서 그들에게 역량에 맞는 숙제를 내주려고 하지 않는가?

수업시간을 한 번 생각해보라. 당신은 철저히 준비되어 있다. 당신의 마음은 어떤 성경 구절에 흠뻑 젖어 있기 때문이다. 그러나 그들은-적어도 그들 대부분은-지난 여섯 달 동안 그 구절을 한번도 읽어본 적이 없다. 당신은 열정을 갖고 임한다. 왜냐하면 그 구절에서 당신은 문제에 대한 답과 고민의 해결책을 찾아냈기 때문이다. 그런데 그들은 아무 준비도 없이 수업에 임한다.

이 상황은 보통 주일 예배의 설교에서도 마찬가지다. 설교를 위해 청중들을 준비시키는 일이 거의 없고, 따라서 설교를 끝까지 듣는 일도 드물다. 그러므로 숙제의 가치에 대해 간단히 생각해볼 필요가 있다. 숙제에는 특히 3가지 유익이 있다.

1. 생각을 촉진시킨다. 숙제는 정신의 준비 운동이다. 숙제는 수업이 시작되기 전에 생각이 활동하도록 소위 예열을 한다.

2. 바탕 혹은 기초를 제공해 준다. 학생은 그 구절에 관련된 문제와 쟁점 및 그것이 자신의 삶에 어떻게 관계되는가를 알고 있다. 문제가 표면으로 드러났다. 그래서 호기심이 더욱 커지게 된다.

3. 스스로 공부하는 습관을 가지게 한다. 이것이 좋은 숙제가 주는 가장 중요한 이점이다. 사람들이 수동적으로 하나님의 말씀을 듣고만 있

게 하는 것이 아니라 스스로 말씀 속으로 들어가게 한다. 과연 그들에게 어떤 일이 일어나는지 지켜보라!

    교사로서 당신의 목표는 평생학습자를 계발하는 것임을 기억하라. 당신이 가르치는 시간은 하나의 자극제가 되어야지 대용품이 되어서는 안 된다. 그리고 사람들이 개인적으로 하나님의 말씀에 관심을 가지게 하는 유일한 방법은 말씀과 직접 접하도록 동기를 부여하는 것이다. 그렇다면 좋은 숙제의 특징은 무엇인가?

    첫째, 창의적이어야만 한다. 단지 공부를 시키기 위한 것이어서는 안 된다. 그러므로 숙제에 대한 분명한 목표를 갖고 있어야 한다. 또 분명한 의도를 가지고 계획해야 한다. 창의적인 과제는 하늘에서 바로 떨어지는 것이 아니기 때문에 준비하는 데 많은 시간이 걸린다.

    둘째, 사고를 자극해야 한다. 대답보다는 질문을 더 많이 하게 해야 한다. 그러므로 학습자의 사고를 확대시키는 숙제를 제시하라. 생각하는 것은 분명히 힘든 일이다. 그러나 그것이 성령의 인도를 받으면 큰 유익을 줄 수 있다.

    셋째, 숙제는 할 수 있는 것이어야만 한다. 실현 가능성이 없는 큰 부담을 안겨주지 마라.

    그러나 만일 당신이 창의적이며, 사고를 자극하며, 할 수 있는 숙제를 내주기 위해 최선을 다했음에도 불구하고, 무슨 이유에서든지 학생들이 숙제를 해오지 않았을 때 어떻게 하겠는가?

    한 가지 간단한 해결책은 수업시간에, 바로 그 시간 그 장소에서 숙제를 하게 하는 것이다. 칠판에 사고를 자극하는 문제를 한 가지 적으라.

다음에 그 문제를 해명해 주는 본문을 골라서 읽게 하라(그들이 찾고 있는 것이 무엇인지 알게 하기 위해 먼저 질문을 제기하고, 그다음에 본문을 읽게 하라).

또 하나의 방법은 그들의 경험을 끌어내는 것이다. 그들이 가정에서, 직장에서, 학교에서 당면하고 있는 문제를 물어 보라. 나는 "이 사람들은 수업시간에 말을 하지 않아요. 그리고 숙제도 해오지 않아요." 하는 귀띔을 받았던 부부 반에서 이것을 시도하였다.

"알려 주셔서 감사합니다."라고 말한 다음 나는 첫 강의 시간에 작은 카드를 나누어 주면서 이렇게 말했다.

"아시다시피, 나는 여러분을 매우 신뢰합니다. 여러분이 다양한 배경을 가지고 있다는 것과 여러 가지 직업과 사회 활동에 참여하고 있는 것을 알고 있습니다. 지금부터 이 카드에 다음 질문에 대한 대답을 적으시기 바랍니다. 이름은 쓰지 마십시오. 만일 지금 당신의 삶의 어떤 문제에 관해서 해답을 얻을 수 있다면 어떤 것이든 좋습니다. 가장 간절하게 해답을 얻기 원하는 3가지 문제는 어떤 것입니까?"

그들은 몇 분 동안 답을 썼다. 그러고 나서 그 카드들을 앞으로 넘겼고, 나는 몇 개를 읽기 시작했다. 누군가가 "그건 여기에서 함께 이야기해야 할 문제입니다."라고 말했다. 머지않아 나는 토의를 진정시키느라고 애를 먹어야 했다.

한 번은 그 반의 어떤 사람이 "여기서 이런 말씀을 해도 될지 모르겠습니다만, 솔직히 말해서 목요일 밤에 아내와 나는 만일 우리가 행동을 함께할 수 없다면 갈라서기로 했습니다."라고 말했다. 그야말로 날벼락 같은 말이었다. 그래서 다시 한 번 우리의 토의는 주제에서 벗어났다. 그러나 사람들이 이러한 문제들을 주일학교나 성경공부 반에서 이야기할 수 없다면 어디에서 이야기할 수 있겠는가?

여러 가지 연구 결과 대단히 흥미롭게도 예측 가능성과 영향력 사이에는 직접적인 상관관계가 있음이 나타났다. 예측 가능성이 높을수록 영향력은 낮아진다. 역으로 예측 가능성이 낮다면 영향력은 커진다(이것은 방법론에 관계된 것이지 도덕에 관계된 것이 아님을 유의하기 바란다).

그 대표적인 예가 예수 그리스도의 생애이다. 사람들은 그분을 결코 이해할 수 없었다.

어느 날, 결코 의견을 같이해 본 적이 없는 헤롯당원들과 바리새인들이 의기투합했다. 그들은 공동의 적을 가졌을 때 외에는 같은 편이 되지 않았다. 그런데 지금 이 골칫덩어리 예수 때문에 함께 모였다. 그리고 "세금 문제로 그를 치자. 헤롯당원은 로마파이고 바리새인은 반로마파이다. 그러니 그에게 세금에 관해서 묻기로 하자. 만일 그가 세금을 찬성하면 우리가 그를 못 박겠다. 반대한다면 그대들이 못 박으라."고 작당했다.

그들은 예수님께 찾아가서 "선생이여, 세금을 바치는 것이 가합니까, 불가합니까?" 하고 물었다.

"동전을 가져오라."

"동전이요? 여기 있습니다."

그들은 동전 하나를 예수님께 건네주었다.

"동전 위에 그려진 이 글과 화상이 누구의 것이냐?"

"아, 가이사의 것입니다."

"가이사의 것은 가이사에게, 하나님의 것은 하나님께 바치라."

아연해진 그들은 주님을 떠나서 다른 장소에서 은밀히 다시 모였다.

마침내 누군가가 다음과 같은 말을 꺼내었다.

"도대체 누가 그런 바보 같은 질문을 생각해 내었소?"

예수님은 너무나 예측할 수 없는 분이셔서 지루할 수가 없다.

그러나 대부분의 교회와 주일학교와 성경공부 반에 들어가 보면 매우 안타깝다. 사람들이 푹 잠들었다가 십분 후에 깨어나서도 대충 어디쯤 이야기할 것이라고 예상하면 정확히 적중될 만큼 내용이 뻔하기 때문이다.

이것은 마치 영국 출신의 한 감독이 말한 것과 같다.

"사도 바울이 가는 곳마다 소동이나 부흥이 일어났다. 나는 어디로 가든지 사람들이 차를 대접한다."

당신이 가는 곳에서 사람들은 무엇을 하는가?

침묵과의 싸움

개에게 심각한 질문을 던진 후에 그 개의 표정을 본 적이 있는가? 내가 강의 중 사람들에게 처음으로 질문했을 때 자주 보게 되는 반응이 그러한 것이다. 사람들은 꼭 강아지처럼 묵묵히 쳐다보기만 한다.

그래서 나는 아마 알아듣지 못했으리라 생각하고 질문을 다시 한다. 그래도 똑같은 반응을 얻는다. 실제로 "우리는 말하지 않겠습니다. 프로인 당신이 말씀하십시오."라고 말하는 이가 있었다.

그러면 나는 이렇게 말한다.

"그러나 여러분은 살아가는 데 프로입니다. 나는 여러분을 신뢰합니다. 그래서 여러분이 여기에서 말할 것을 기대합니다. 생각하고 있는 것이 있으면 말씀하십시오." 거듭거듭 질문을 한다. 그러나 아무 말도 하지 않는다.

그들은 침묵을 굉장히 의식한다. 한두 명은 헛기침을 할 것이다. 그러나 나는 인내심이 강하다. 그들만큼 기다릴 수 있다.

드디어 누군가가 "저어, 제가 생각하는 것을 말할까 합니다. 어쩌면 옳지 않을지도 모르겠습니다만 제가 생각하기에는……." 하고 말한다. 침묵의 장벽이 허물어진다.

내가 수년간 관찰한 바로는 변호사든 운동선수든 공장 노동자든 -나는 그들을 모두 가르쳐 봤다- 보통의 성인들은 성경을 사용하고 이해하는 것에 대해 확신이 매우 부족하다. 그러므로 수업시간에 말할 자신이 없다. 이것을 어떻게 해결할 수 있을까?

내가 일찍이 댈러스 카우보이 팀에서 사역할 때 그들에게 "여보게들, 우리 성경 공부하는 법을 공부해볼까 하네."라고 말했다.

그들의 반응은 매우 요란했다. "대단히 감사합니다, 박사님. 그렇지만 박사님은 모르시는 군요, 우리는 미식축구 선수들입니다." 한 명은 자기 동료들이 글을 읽을 수 없을 것이라고까지 주장하였다. 그러나 나는 그들을 성경으로 끌고 들어가 성경 찾는 것을 익히도록 도와주었다. 그들이 아무리 기본적인 것이라도 하나씩 발견해낼 때마다 한껏 격려해 주었다.

실제로 바로 그것이 성경공부의 열쇠이다. 사람들에게 무엇을 찾아내야 하는지 가르치라. 그러면 그들이 찾을 수 있다.

사람들이 당신을 신뢰할 경우에 당신이 해야 할 일은, 그 신뢰를 사용하여 그들 자신을 신뢰하도록 도와주는 것이다. 그들이 당신을 깊이 신뢰하면 할수록, 그들 자신에 대한 신뢰감을 심어 줄 수 있는 가능성은 더욱더 커진다.

그러나 그것이 쉽지 않은 것은, 그들 중에서 어떤 이들은 여러 해 동안 그러한 위치에 있었을 것이기 때문이다. 그들은 그런 상태에 고착되어 있다.

사람들이 수업에 참가하는 것을 두려워할 때 가장 좋은 방법 하나는 단지 그들이 참가하도록 격려하고, 참가했을 때 인정해 주는 것이다.

나는 자주 "이 수업에서 유일하게 어리석은 질문은 말하지 않는 질문입니다. 왜냐하면 그것은 뽑아 내지 않은 가시와 같아서 사람을 계속 괴롭히기 때문입니다. 그러므로 우리는 이 시간에 어떤 질문이나 말을 해도 비웃지 않을 것입니다. 오히려 그것을 진지하게 받아들일 것입니다."라고 말한다.

그리고 나서 누군가가 기여를 하면 "굉장하군요. 감사합니다!" 혹은 "나는 여러 해 동안 성경을 연구해 왔지만 이 구절에서 그러한 통찰을 발견하지 못했습니다. 대단하군요. 감사합니다!" 혹은 "이 말씀에 대해 지금까지 들어온 질문 중에서 가장 심오한 것입니다!"라고 말한다. 그들이 말한 것을 칭찬해야 한다. 그리고 말을 한 사람을 영웅으로 만들어 주어야 한다.

그러므로 앞으로 수업시간에 누군가가 "어쩌면 말도 안 되는 질문인지 모르겠습니다만, 저는 오랫동안 묻고 싶었습니다."라고 말할 때, 가능한 한 최고의 찬사를 해주라. 그래서 이제까지 두려워서 묻지 못했던 것을 부담 없이 물을 수 있는 분위기를 창조하라.

곤란한 질문을 받아넘기는 법

대답할 수 없는 질문을 받을 경우 당신은 어떻게 하는가?

이때는 반응이 중요하다. 왜냐하면 입을 벌려서 모든 의심을 없애려고 하기보다는 입을 다물고 잠자코 생각하는 것이 더 낫다는 것이 강의에 임하는 대다수의 처세술이기 때문이다. 그러므로 당신은 "굉장한 질문이군요. 감사합니다! 제가 지금은 해답을 갖고 있지 않습니다만 답을 알려드리도록 노력하겠습니다."라고 말해보라.

아마 당신은 학창시절에 "...... 으로 미루어, ...따라서, ... 그래서, ... 말하자면, ... 대부분의 학자들의 일치된 견해로는" 등등의 중얼거림으로 학생들의 질문에 대답하던 스승을 회상할 수 있을 것이다. 그쯤 되면 당신은 "저런! 답을 모르시는군." 하고 생각했을 것이다.

내가 지금까지 만난 교수 중 가장 훌륭한 교수는 신약성경에 관한 최고 권위자였다. 어느 날 수업시간에 한 학생이 질문을 하였다. 그러자 그분은 이렇게 대답했다.

"학생, 그것은 내가 36년 동안 가르치면서 받아본 질문 중에서 가장 날카로운 질문이네. 그런데 지금은 내가 자네에게 그 해답을 줄 수가 없네. 내 답이 너무 피상적일 것이기 때문이지. 그러나 연구해서 답을 해 주겠네. 이와 같은 훌륭한 질문이 또 있는가?"

속이려 해서는 안 된다. "모르겠습니다."라고 말하는 것을 결코 창피하게 여기지 마라.

위협적인 질문은 어떻게 다루는가? 이것은 비그리스도인에게 가장 효과적으로 접근하는 사람들이 자신 있어 하는 영역이다. 왜냐하면 그들은 매우 위협적인 질문을 받아도 편안해 하며 방어적인 자세를 취하지 않기 때문이다.

전에 불신자를 위한 성경공부 반을 인도한 적이 있다. 그들에게 마가복음을 처음부터 끝까지 가르치고 있었는데, 한 친구가 손을 들더니 "이봐요, 당신 설마 예수 그리스도가 하나님이라고 말하려는 것은 아니겠지요?"라고 물었다.

일반 교회에서는 그러한 질문을 어떻게 다루는가? 이에 대한 대답은 매우 중요하다. 왜냐하면 그 사람의 영원한 구원이 달려 있기 때문이다. 나는 다음과 같이 대답했다.

"짐, 굉장한 질문이군요. 바로 문제의 핵심을 짚었습니다. 그것이 우리가 토의하고 있는 내용이에요. 모두 짐의 말을 들으셨습니까? 짐, 다시 한 번 말해 주겠소?"

대단히 재미있게도, 당신이 이러한 방법을 사용해서 토의를 계속 해 나갈 동안 짐과 같은 친구는 제시되는 답을 듣지 않을지도 모른다. 그러나 그는 틀림없이 당신의 태도를 포착하게 된다. 그러면 당신은 그를 얻게 되는 것이다. 그러나 만일 당신이 그를 꾸짖는다면 그는 다시는 질문을 하지 않을 것이며, 아마 그 수업에 다시는 나타나지 않을 것이다.

토론 독점자를 통제하는 법

한 학생이 토론을 독점하고 있을 경우에는 어떻게 하는가? 그것은 나이아가라 폭포를 역류시키는 일만큼이나 힘든 일이다. 나는 다음과 같은 세 단계의 안을 제시하려고 한다.

첫째, 그의 공헌에 대해 감사의 뜻을 표하라. 그에게 조용히 "이 수업에 대한 자네의 관심에 깊이 감사하고 있음을 알아주기 바라네. 모든 학생들이 자네만큼 이 수업에 관심을 갖게 만들 수만 있다면 정말 좋겠네."라고 말하라. 아마 그렇게 말한 사람은 지금까지 아무도 없었을 것이다. 대부분의 사람들은 그에게 "그만 입 좀 다물지 그래?" 하는 표정을 지어 보낼 것이다. 물론 그가 그런 표정에 주의를 기울이지는 않겠지만, 분명히 보았을 것이다.

둘째, "자네는 지금 많은 사람이 토론에 참가하지 않고 있는 것을 알고 있는가? 저 사람들을 토론에 참여시키도록 도와주겠나? 조금 자제하면서 자네와 내가 다른 사람들을 토론에 가담시켜 보기로 하세."라고 호의를 부탁하라. 이 접근 방법은 언제나 멋진 효과가 있다.

셋째로, 수업 중에 그를 불러 질문에 답하게 하라. 그것은 아마 처음 경험하는 일일 것이다. 그러고 나서 그가 말한 것을 진정으로 높이 평가한다는 것을 크고 분명하게 전달하라.

나는 전에 수업을 독점하고 있는 한 친구에게 그렇게 한 적이 있었다. 그래서 그는 입을 다물게 되었다.

"교수님, 정말 제가 대답하기를 원하십니까? 아시겠지만, 저는 미움을 받고 있다고 생각했어요."

"정말인가? 왜 그런 인상을 받았는가?"

"사람들이 교수님께 어떤 암시를 보내거든요. 하지만 저는 교수님께서 저의 대답을 듣기 원하셨다는 것에 대해 정말 감사드립니다. 전에는 아무도 저에게 그렇게 한 적이 없거든요."

이와 같이 나는 그를 억누르는 대신에 내 편이 되게 하였다.

그것이 바로 우리가 하려고 하는 것이다. 만일 당신이 제대로만 알고 있다면, 가르치는 일은 정말 재미있는 일이다.

한번은 한 학생이 미래에 결혼하기를 원한다고 판단했노라고 말했다.

"그래? 그것 참 유쾌한 일이군."

나는 우리가 지금 발전하고 있다고 생각했다. 그래서 "자네가 어떤 형의 여성을 찾고 있는지 아는가?"라고 물었다.

그는 3페이지나 되는 기다란 내역들을 보여 주었다.

"자네가 이 문제를 오래 생각해 왔다는 것을 알 수 있겠네. 알다시피 나는 결혼에 관해 책을 쓰고 있네. 자네의 그 목록 좀 빌려주겠나?"

그는 깜짝 놀랐다.

"아, 예! 물론 빌려드리지요. 교수님, 제가 교수님을 도와드릴 수 있는 일이라면 뭐든지 하겠습니다."

나는 그를 얻었던 것이다. 나는 그 내역들을 모두 검토한 뒤 한 가지 질문을 하였다.

"자네는 이 기준들에 얼마나 도달해 있는가?"

노트 정리 훈련

거의 모든 사람들은 수업시간에 노트하는 법을 모르거나 혹은 그것의 가치를 모르고 있다. 만일 이 말이 믿기지 않는다면 수업이 끝난 후에 그들이 남긴 휴지들을 주워 보라. 나는 교회에 강의하러 갈 때는 언제나 그렇게 한다. 이 일은 계약서에 있는 것도 아니고 따로 담당하시는 분도 계시지만, 매우 재미가 있다. 만일 내가 설명을 위해 에스키모 개를 예화로 사용했다면, "개"라는 단어가 적힌 종이를 줍는다. 아마 그것은 설교가 끝난 후 문에서 나에게 인사하면서 "저도 전에 에스키모 개를 갖고 있었습니다."라고 말한 바로 그 숙녀가 쓴 것일 것이다.

수업 때마다 강의의 기본적인 내용을 나누어 줌으로써 학생들이 더 능숙한 노트기록을 하게 할 수 있다. 또한 점점 덜 자세하게 기록된 내용을 나누어 주어 그들이 조금씩 더 적어 넣게 할 수 있다. 그러면 그들은 곧 "개"라고 쓰지 않고 개 예화가 가르치고 있는 교훈을 적게 된다. 이런 식으로 학생들이 잘 알아듣게 훈련을 해나갈 수 있다.

나는 전에 댈러스에서 전문직에 종사하는 지식수준이 높은 사람들의 성경공부 반을 가르쳤다. 그중에 한 사람은 MIT를 졸업했다. 그는 여러 개의 석박사 학위를 소지하고 있었고, 매우 똑똑했으며, 고문으로 상당한 대우를 받고 있었다. 그는 지적인 능력에는 부족함이 없었다. 그럼에도 불구하고 그는 늘 손을 포갠 채 앉아서 눈을 크게 뜨고 듣기만 했다.

어느 날 밤 수업 도중 휴식시간에 그에게 말을 걸었다.

"MIT에 다녔다고 알고 있는데요."

"그렇습니다."

"재미있었습니까?"

"매우 자극이 되었지요."

"그곳에 있을 때 노트 정리를 했었나요?"

"MIT에서 말씀인가요?"

"그렇습니다."

"물론이죠. 엄청나게 했지요."

"그것이 도움이 되었습니까?"

"많이 도움이 됐죠. 나의 양식이고 생명줄인 걸요."

"그렇군요. 그럼 여기에서 필기할 생각을 해본 적이 있습니까?"

"여기에서 말씀입니까? 성경공부 반에서요?"

"그렇습니다."

"아뇨, 전혀 그런 생각을 해본 적이 없었습니다. 정말로 좋은 생각이군요."

그 다음주, 그는 필기도구를 가지고 와서 노트 정리를 했다. 그리고 강의가 시작되기가 바쁘게 일어나서 "헨드릭스, 질문이 있습니다."라고 했다. 그 후부터 그는 줄곧 질문을 계속하였다. 갑자기 겉돌던 위치에서 학습과정의 핵심으로 돌입하게 된 것이다. 그는 성경의 진리를 직업과 삶에 적용시키는 법을 알게 되었고, 매우 활동적인 사람이 되었다.

토의를 위한 질문

1. 강의를 준비할 때 보통 어떤 단계를 취하는가? 그 단계 중에서 어느 것이 가장 도움이 되는가? 또 어느 것이 가장 도움이 덜 되는가?

2. 자신의 가르침이 너무나 예견성이 커서 효과를 감소시킬 수도 있다고 생각하는가? 교사로서 당신이 보통 실시하고 있는 것과는 형식과 접근방법에서 철저히 다르나 당신의 수업에 적절한 학습활동이 있으면 6가지 이상 써보라. 비록 그것이 효과가 있으리라고 확신하지 못한다 하더라도 써보라. 그다음 가장 훌륭한 것을 골라서 실천에 옮기어보라.

3. 당신이 가르침을 받는 동안 교사가 말하는 것을 노트에 기록하고 싶었다면, 무엇이 그런 동기를 주었는가?

    만일 당신이 성인 반 교사라면 다음과 같은 상황에서 최선의 반응은 어떤 것이라고 생각하는가?

    (1) 반에서 상당히 개성이 강한 두 사람이, 가르치는 주제와는 별 상관없는 쟁점에 관해 자신들의 반대 입장을 강력하게 주장하고 있다. 당신과 이 그 두 사람만이 다른 사람들을 제쳐놓고 10분 이상 토론에 참가하고 있다는 것을 문득 깨닫게 되었다. 나머지 사람들은 모두 세 사람이

티격태격하는 것을 즐기고 있는 것 같다.

(2) 강의 준비 중에 수업 자료로 꼭 필요한 책을 발견했다. 이 책은 현재는 절판되었다. 당신은 그 책에서 두 페이지를 타이핑해 오늘 수업에 이것을 이야기할 계획이다. 그러나 오늘 아침 교회에 도착하자(약간 늦었다) 교회의 낡은 복사기가 망가져 버린 것을 알게 되었고, 이제 곧 수업이 시작된다. 당신은 원본만 갖고 있다. 그런데 강의를 듣는 사람들은 노트 필기는 말할 것도 없고 펜과 종이를 가져오는 일도 없다.

(3) 강의에 처음 참석한 한 부인이(분명히 그 사람은 이 반의 누구와도 잘 아는 사이가 아니다)수업이 한창 진행되고 있는 도중 갑자기 울음을 터뜨린다.

(4) 두 사람은 지난주에 내준 과제를 완전히 다 해왔으며, 좀 더 나아가 그들이 해온 예습에 근거하여 한 주 동안 생각하고 생활하면서 대두된 문제들을 열심히 토론하고 싶어한다. 한편 나머지 일곱 사람은 과제를 거의 또는 전혀 해오지 않았으나(정당한 이유들 때문에), 그 주제에 대해 좀 더 배우는 일에 상당히 흥미를 느끼고 있다.

(5) 기분이 매우 언짢은 어떤 사람이 토의 도중 불쑥 끼어들어, 자신의 마음에 큰 부담이 있는데 그것을 털어놓고 싶다고 한다. 그녀는 자신이 현재 그곳에 있는 다른 사람(그 사람은 갑자기 얼굴이 새빨개진다)과 오랫동안 쌓아온 관계가 무너져 고민이라고 말한다. 그리고 그녀는 그 친구가 화해의 노력을 거절했다고 말한다.

5. 뒷 장에 나올 "투자하라"에서 교육의 7가지 원리 복습표를 보라. 이 원리들 중에서 가장 지속적으로 실천하고 있다고 생각하는 것은 어떤 것인가? 가장 관심을 기울여 개선해야 할 것은 어떤 것인가?

투자
하라

이제 복습을 하자. 교사인 당신의 사고를 촉진하고 감정을 자극하며 행동으로 옮기는 데 박차를 가하기 위하여, 7가지 기본 원리를 다음과 같이 소개하였다.

T 교사의 원리 The Law of the Teacher
　오늘 성장을 멈추면, 내일 가르치기를 멈추게 된다.

E 교육의 원리 The Law of Education
　학생들이 배우는 방법이 가르치는 방법을 결정한다.

A 활동의 원리 The Law of Activity
　최대의 학습은 언제나 최대 참여의 결과이다.

C 전달의 원리 The Law of Communication
　지식을 진정으로 전달하기 위해서는 다리를 놓는 일이 필요하다.

H 마음의 원리 The Law of the Heart
　영향력 있는 가르침은 머리에서 머리로 가르치는 것이 아니라 마음에서 마음으로 가르치는 것이다.

E 격려의 원리 The Law of Encouragement
　가르침은 학습자가 적절하게 동기화되었을 때 가장 효과적이다.

R 준비의 원리 The Law of Readiness
　"교수-학습" 과정은 학생과 교사 양편이 모두 적합하게 준비되어 있을 때 가장 효과적이다.

이 기본 원리들은 효과적인 가르침의 근간이 된다. 어느 연령층을 가르치더라도, 어떤 과목을 가르치더라도, 혹은 어떤 문화적 배경에서 가르치더라도 이 원리를 이해하고 적용하면 다른 사람들의 삶을 영원히 변화시킬 수 있다.

그러나 이것들은 원리에 불과하다는 것을 명심하라. 하나님께서 그분의 목적을 이루실 때는 원리를 사용하시지 않고 사람을 사용하신다.

왜냐하면 당신이 소명을 받은 유능한 교사로서 성공하는 것은 이 원리들을 알고 있는가에 달려 있는 것이 아니라, 당신의 인격과 삶 속에서 하나님의 능력에 대해 얼마나 열려 있는가에 달려 있기 때문이다. 중요한 것은 당신이 하나님을 위하여 무엇을 하느냐가 아니라 그분이 당신을 통하여 무엇을 하시게 하느냐이다. 하나님은 당신을 촉매로 사용하기 원하신다. 그분께서 당신을 변화시키고 당신의 생각을 새롭게 하시도록 허락함으로써 당신은 그분께 쓰임받을 준비를 갖추게 된다.

다른 사람에게 진정으로 영향을 줄 수 있는 사람이 되기 위하여 하나님께서 당신을 변화시키시도록 기꺼이 허락하겠는가?

이 자원함, 즉 헌신은 가르치는 일에서 성공하기 위한 가장 큰 걸음이 될 것이다.

노련한 어느 선교사가 일전에 말하기를, 동부 유럽의 그리스도인은 헌신에는 부요하나 지식은 부족하며 서구의 그리스도인들은 지식에는 부요하나 헌신은 부족하다고 하였다. 서구 교회의 많은 사람들이 헌신이 부족하여 발육이 제대로 되지 못한 구부정한 자세로 있다.

그러므로 다음과 같은 질문을 또 하겠다.

성장을 위해 기꺼이 대가를 지불하겠는가?

결국은 대가가 필요하다. 효과적인 가르침은 할인 판매하는 데서 얻을 수 없다.

  그 사실을 고려한다면 당신은 기꺼이 비용을 지불할 것이다. 효과적인 가르침이 주는 감격과 결과는 너무나 만족스러운 것이어서, 한정된 생활과 저급한 목표를 위해 팽개칠 수 없는 것이다.

  자신의 생애를 다른 사람들에게 계속 투자해나가는 동안, 당신은 분명히 이론을 행동으로 옮기는 데 도움이 되는 안내서로서 이 책을 다시 찾게 될 것이다.

사명선언문

너희가 흠이 없고 순전하여······세상에서 그들 가운데 빛들로
나타내며 생명의 말씀을 밝혀 _ 빌 2:15-16

1. 생명을 담겠습니다
만드는 책에 주님 주신 생명을 담겠습니다.
그 책으로 복음을 선포하겠습니다.

2. 말씀을 밝히겠습니다
생명의 근본은 말씀입니다.
말씀을 밝혀 성도와 교회의 성장을 돕겠습니다.

3. 빛이 되겠습니다
시대와 영혼의 어두움을 밝혀 주님 앞으로 이끄는
빛이 되는 책을 만들겠습니다.

4. 순전히 행하겠습니다
책을 만들고 전하는 일과 경영하는 일에 부끄러움이 없는
정직함으로 행하겠습니다.

5. 끝까지 전파하겠습니다
모든 사람에게, 땅 끝까지, 주님 오시는 그날까지
복음을 전하는 사명을 다하겠습니다.

서점 안내

광화문점 서울시 종로구 새문안로 69 구세군회관 1층
02)737-2288 / 02)737-4623(F)

강남점 서울시 서초구 신반포로 177 반포쇼핑타운 3동 2층
02)595-1211 / 02)595-3549(F)

구로점 서울시 동작구 시흥대로 602, 3층 302호
02)858-8744 / 02)838-0653(F)

노원점 서울시 노원구 동일로 1366 삼봉빌딩 지하 1층
02)938-7979 / 02)3391-6169(F)

일산점 경기도 고양시 일산서구 중앙로 1391 레이크타운 지하 1층
031)916-8787 / 031)916-8788(F)

의정부점 경기도 의정부시 청사로47번길 12 성산타워 3층
031)845-0600 / 031)852-6930(F)

인터넷서점 www.lifebook.co.kr